아름다운 파괴

Beautiful Destruction
by Lee Geo-Ryong

Published by Hangilsa Publishing Co. Ltd., Korea, 2023

아름다운 파괴

지은이 이거룡
펴낸이 김언호

펴낸곳 (주)도서출판 한길사
등록 1976년 12월 24일 제74호
주소 10881 경기도 파주시 광인사길 37
홈페이지 www.hangilsa.co.kr
전자우편 hangilsa@hangilsa.co.kr
전화 031-955-2000~3 팩스 031-955-2005

부사장 박관순 총괄이사 김서영 관리이사 곽명호
영업이사 이경호 경영이사 김관영 편집주간 백은숙
편집 박희진 노유연 이한민 박홍민 김영길
관리 이주환 문주상 이희문 원선아 이진아 마케팅 정아린
디자인 창포 031-955-2097
인쇄 영림 제책 영림

제1판 제1쇄 2010년 3월 15일
제1판 제2쇄 2023년 6월 30일

값 25,000원
ISBN 978-89-356-6152-7 03100

• 잘못 만들어진 책은 구입하신 서점에서 바꿔드립니다.

깨달음과 사유의 세계 인도

아름다운 파괴

이거룡 지음

한길사

아름다운 파괴는 생명이 거듭나는 비밀입니다
• 두 번째 개정판을 내면서

『아름다운 파괴』두 번째 개정판을 냅니다. 생명은 끊임없는 파괴와 죽음을 통하여 거듭 태어납니다. 책도 생명이기는 마찬가지입니다. 개정(改訂)을 통하여 아름다운 파괴가 일어납니다. 아름다운 파괴는 생명이 거듭나는 비밀입니다.

십여 년 전의 생각을 지금 여기의 생각으로 다듬고 보태어 다시 정리했습니다. 『아름다운 파괴』의 아름다운 파괴를 가능케 해주신 한길사 김언호 사장님께 깊은 감사를 드리며, 또한 백은숙 편집주간님께도 감사의 마음을 전합니다.

그간 이 책에 큰 관심을 보여주었던 독자 여러분에게도 감사드리며, 때가 되면 다시 한번 이 책의 아름다운 파괴를 기대합니다.

2023년 6월
낙동강가 리아슈람에서
이거룡 합장

마음은 갈 수 있는 곳만 갑니다

• 여는 글

내가 처음 인도로 갈 때만 해도 우리나라에는 항공사로 유일하게 대한항공이 있었습니다. 한 번도 공항에 가본 적이 없었으니 우리나라에 어떤 비행기들이 드나드는지도 몰랐지요. 비행기나 공항이 나와 어떤 직접적인 관련을 가질 거라고는 생각하지 않았습니다. 내게 비행기는 그저 하늘 높이 저만치에 떠 있는, 그야말로 땅 위의 나와는 상관없는 물건이려니 했습니다. 중학교 다닐 때 가끔 학교 운동장에 내린 군용 헬기를 보긴 했지만, 그건 사람을 실어 나르는 탈것이 아니라 무장공비 잡는 데나 쓰이는 무기 이상이 아니었지요.

서른 살이 넘어 어느 날 갑자기 비행기를 타게 되었습니다. 어디서부터 시작해야 할지 당황스러웠지요. 우리나라에 대한항공이 있는 것처럼, 인도에는 인도항공이 있을 거라 생각했습니다. 인도로 가기 위해서는 당연히 인도항공을 이용해야 한다고 믿었지요. 전화번호를 물어 서울에 있는 인도항공에 예약을 하고 티켓을 샀습니다. 나의 최종 목적지는 남인도의 마드라스(Madras, 현재의 첸나이Chennai)였는데, 티켓을 보니까 김포에서 방콕으로, 방콕에서 캘커타(Calcuta, 현재의 꼴까따kolkata)로, 그리고 캘커타에서 마드라스는 인도 국내항공으로 가도록 예정되어 있었습니다. 인도에 도착해서까지 비행기를 탄다는 것은 사치라는 생각이 들어, 캘커타에서 마드라스까지는 기차로 가기로 했습니다.

인도로 가던 날 김포공항에 갔더니 인도항공은 없었습니다. 알고 보니 우리나라에 들어오는 인도항공은 없고 방콕까지는 대한항공을 이용한다는 것이었습니다. 그럴 수도 있겠다고 생각했습니다. 당초 계획에는 방콕 공항에서 다섯 시간 정도 기다리는 것으로 되어 있었는데, 인도항공이 연착을 거듭하더니 결국 열세 시간이나 기다린 끝에 캘커타로 가는 비행기를 탈 수 있었습니다. 기다리는 시간이 얼마나 지루하고 힘들었던지, 방콕 공항에서 다시 집으로 돌아가고 싶은 생각이 간절했던 기억도 있습니다.

자정 무렵에 캘커타 공항에 도착했는데, 이미 나는 거의 탈진 상태였습니다. 공항 바깥으로 나가려니까 택시 기사들이 다가와서 서로 태우겠다고 밀고 당기고 난리였습니다. 택시를 탈 엄두가 나지 않아 결국 공항 대합실로 다시 돌아와 배낭을 안고 꼬박 밤을 새웠습니다. 다음 날 아침이 되어서야 겨우 택시를 타고 그 악명 높은 하울라(Haula) 역에서 마드라스행 기차를 탈 수 있었습니다. 기차를 탄 지 이틀 뒤에 마드라스에 도착했으니까, 김포공항에서 마드라스까지 사나흘이 걸린 셈입니다.

지금도 이 일을 생각하면 웃음이 납니다. 어느 시인의 말처럼, '지금 알고 있는 것을 그때도 알고 있었더라면' 그런 고생은 하지 않았을 겁니다. 만일 내가 그때 '한 나라에는 한 개의 항공사가 있다'는 생각에 갇혀 있지 않았더라면, 인도항공 대신에 싱가포르 항공을 이용했더라면, 방콕에서 캘커타를 경유하지 않고 곧장 마드라스로 갈 수도 있었던 것입니다. 쉽고 편하게 갈 수 있는 길이 있었는데도 '우리나라에 대한항공이 있는 것처럼 인도에는 인도항공이 있다'는 나의 갇힌 생각 때문에 그 고생을 한 겁니다. 그게 내 생각의 한계였습니다. 한 개 항공사밖에 없는 나라에 사는 내 생각의 한계였습니다.

사람의 생각이란 이렇듯 한정되어 있습니다. 흔히 마음으로 못 갈 곳이 없다고 하지만, 실은 그렇지 않습니다. 마음은 갈 수 있는 곳만 갑니다. 우리의 생각이라는 게 그래요. 마음은 생각할 수 있는 것만 생각합니다. 차안(此岸)에서 피안(彼岸)을 꿈꾸는 우리로서는 거의 전적으로 마음에 의존할 수밖에 없지만, 마음이란 이렇듯 한정되고 갇혀 있습니다. 한번 만들어진 관념은 자동적으로 자기방어 메커니즘으로 작용합니다. 되짚어 보는 걸 싫어합니다. 기분 나빠해요. 따지고 보면 방어하는 것이 아니라 스스로를 가두는 것이지만, 우리는 흔히 스스로가 만든 관념의 장막 속으로 들어가 안주하기를 마다하지 않습니다. 우선은 편안하기 때문입니다.

그러나 관념 속에 안주하는 한, 걸림 없는 자유는 없습니다. 가슴 떨리는 삶도 기대할 수 없습니다. 설사 종교적인 진리라 해도 예외일 수 없습니다. 옛 선사가 "부처를 만나면 부처를 죽이고 조사(祖師)를 만나면 조사를 죽여라"고 한 것도 바로 이런 까닭이라 믿습니다. 마음을 닦고 또 닦아야 한다는 말도 이런 의미라 할 것입니다. 시시각각 떠오르는 생각과 이로 인하여 생겨나고 굳어지는 관념들을 경계하라, 그 말이지요.

미리 고백하건대, 이 책은 결코 부처를 만나면 부처를 죽이고 조사를 만나면 조사를 죽이는, 그런 거창한 내용을 담고 있지 않습니다. '인도의 철학과 문화'라는 대학 교양강의를 정리한, 그야말로 상식 수준의 이야기에 불과한지도 모릅니다. 그렇다고 뜻까지 그렇지는 않습니다. 인도의 철학과 문화에 대한 지식이나 상식을 전하자는 건 아니었습니다. 지금까지 우리가 지극히 당연하다고 생각했던 것들, 지극히 정상적이라고 믿었던 관념들을 한 번쯤 되짚어보자는 것이 나의 의도였습니다. 대개는 인도 이야기를 끌어다 쓰기는 하지만, 정작 이 강의의 주제는 우리의 생각이며 우리의 문화라고 할 수 있습니다.

아직 '개념 쪼개기' 수준을 벗어나지 못한 철학 선생의 강의지만, 그래도 열심히 귀 기울여준 여러 학생들에게 고마운 마음을 전합니다. 더러는 날카로운 질문으로, 또 더러는 이심전심으로 나의 생각을 점검해준 여러 학생 도반(道伴)들에게 거듭 고마움을 전합니다. 이들과의 인연이 아니었다면 그냥 내 가슴속에 묻어 두었을, 차라리 그랬어야 할 이야기들을 또한 책으로 엮어준 출판사 여러분에게도 감사를 드립니다.

아름다운 파괴

개정판을 내며 | 아름다운 파괴는 생명이 거듭나는 비밀입니다   5
여는 글 | 마음은 갈 수 있는 곳만 갑니다   7
강의를 시작하며 | 내면으로 떠나는 여행   15

1 종교 없는 종교, 힌두교
싸움, 둘이 하나 되려는 몸부림   25
힌두교는 곧 삶이다   26
코끼리와 소경의 비유   32
• 산발과 수염은 인도하고 관계가 있나요?   39

2 다양성 속의 통일
최초는 최고와 통한다   49
늘 새로울 때 의미를 갖는다   50
갠지스 강 모래알보다 많은 신들   54
• 인도 사회에도 유행이라는 게 있나요?   63

3 체념과 초월의 경계
길에서 태어나 길에서 살다가는 사람들   69
체념과 초월의 경계   71
가능한 것에 대한 포기   75
• 뉴델리에서는 술집을 보기 어렵던데요?   83

4 업과 윤회 그리고 운명

잊어야 잃어버리지 않는다	91
까르마의 법칙	94
죽은 자는 어디로 가는가	98
업과 윤회의 의미	103
• 요즘 우리 주변에는 전생에 대한 관심이 높은데요?	109

5 깨달음에 이르는 길, 요가

건강은 자연스러운 상태	117
요가, 이완된 집중	120
요가 수행의 8지분	126
• 요가를 하면 초능력이 생기기도 합니까?	138

6 여자, 위험한 도구

우리 사회의 여성관	143
뿌루샤와 쁘라끄리띠	146
딴뜨라, 힌두교의 꽃	150
범아일여, 합일은 완성이다	158
• 「밴디트 퀸」이라는 인도 영화에서는 여자 산적두목도 있던데요?	162

7 몸, 거룩함에 이르는 사다리

고향은 마음이 뿌리내린 곳	173
몸이 뜨는 이유	176
몸은 해탈의 터전	183
• 인도에는 신의 이름을 가진 사람이 많다고 하던데요?	189

8 접촉과 접속

몸으로 닿는다는 것의 의미	201
갠지스 강에 몸과 영혼을 씻다	206
어둠의 오묘한 깊이	209
접속의 완성은 접촉이다	214
몸을 밀어내는 사이버공간	215
• 마음에 내리는 어둠과 맹목적인 행위 사이에 어떤 관계가 있나요?	218

9 느림의 미학

순간순간의 느낌에 충실하라	227
늦게 달리기 자전거 경주	229
시간개념의 차이	234
영원히 순환하는 시간	236
유가설과 시간의 흐름	239
• 인도의 길거리에는 왜 똥이 많은가요?	244

10 포기의 철학

느린 변화의 저력	255
이상적인 삶의 네 단계	259
욕망 속에서 욕망을 초월하다	265
포기의 철학	270
• 의무를 다하는 것이 삶의 목적이라니요?	274

닫는 글 | 애프터를 신청하게 하는 인도　　　285

내면으로 떠나는 여행
• 강의를 시작하며

나는 혼자 있는 시간이 많습니다. 사교적이지 못한 성격 탓도 있지만, 오랫동안 혼자 살아온 버릇 때문일 겁니다. 인도로 가기 전에도 산에서 수년 동안 독거(獨居)한 적이 있고, 인도에서나 지금의 삶도 크게 다르지 않습니다. 혼자 있는 것이 오히려 자연스럽습니다. 학교 강의가 있거나 별다른 일이 없다면 나는 거의 혼자 내 방에 앉아 있는 편입니다. 혼자 있게 되면 생각이 깊어집니다. 나를 지켜보고 나의 사념을 응시하는 시간이 많아집니다.

이 강의는 나 혼자의 생각을 여러분에게 던져보는 시간입니다. 나의 고백입니다. 이런 점에서 이 강의는 오히려 나 자신에게 의미가 깊은 시간이라 할 수 있습니다. 검증되지 않은 내 생각을 여러분에게 던져보고, 여러분들은 어떻게 생각하는가, 어떤 반응이 돌아오는가를 살펴보는 시간입니다. 마치 스님들이 선방에서 참선을 하다가 어느 때가 되면 선지식(先知識)을 뵙고 자기의 공부를 점검받듯이, 나는 여러분에게 강의하러 온 게 아니고 몰래 혼자 한 내 생각들을 점검해 보러 온 것입니다. 혼자의 생각은 자칫 독단으로 흘러버릴 가능성이 있거든요.

여러분이 알다시피 이 강의는 '인도의 철학과 문화'라는 이름의 교양강좌입니다. 그러나 내가 하고자 하는 것은 여러분에게 교양이나 상식을 전하자는 게 아닙니다. 나는 여러분이 틀에 박힌 교양인이 되기보다는 차라리 에너지가 충만한 원시인이 되기를 원합니다. 교양은 인간을 나약하게 만드는 맹점을 안고 있습니다. 문명은 자칫 나른해지기 쉬운 법이거든요.

정상적인 사람이 되기보다는 차라리 일탈을 꿈꾸는 괴짜가 되기를 원합니다. 사실 오늘 우리 시대의 문제는 창조적인 괴짜들이 드물다는 겁니다. 우리 사회의 교육 자체가 틀을 깨고 나가기 어렵게 만듭니다. 지극히 정상적인, 붕어빵처럼 틀에 박힌 모범생들을 양산하고 있지요. 그래가지고는 발전을 기대하기 어렵습니다. 일상은 일탈을 위하여 있다는 사실을 알아야 합니다.

물론 인도 이야기를 할 겁니다. 그러나 인도 이야기만은 아닙니다. 오히려 나의 이야기, 우리의 이야기라 할 수 있습니다. 인도사상은 내면으로 떠나는 여행입니다. 그렇기 때문에 누구에게나 자신의 이야기일 수 있습니다. 내 주변 사람들이 그럽니다. "지겹지도 않느냐, 아직도 인도냐?" 그렇지 않습니다. 생각해 보면, 인도사상은 먼 나라 사람들의 오래전 이야기일 수 있습니다. 그럼에도 그것은 내면으로 침잠하는 여행이기 때문에 누구에게나 자신의 이야기일 수 있으며,

바로 지금 여기의 이야기일 수 있습니다. 인류 역사를 통하여 사람들이 고민해 온 문제는 고대사회나 지금이나 큰 차이가 없습니다. 철학적인 모든 물음은 결국 '나는 누구인가?' 하는 질문으로 귀결됩니다.

내면으로의 침잠은 곧 우주로의 확산입니다. 칠판이라는 평면에 표현되는 침잠과 확산은 서로 역방향으로 나타날 수밖에 없지만, 내면의 세계에서는 침잠이 곧 확산일 수 있습니다. 그 둘은 한 방향으로 나아갑니다. 인도사상에서는 이러한 체험의 절정을 흔히 범아일여(梵我一如)라고 합니다. 대우주와 소우주가 하나라는 체험입니다.

요즘 우리 주변에서 강조되는 세계화라는 문제도 이런 시각에서 접근될 필요가 있습니다. 세계 공용어인 영어를 열심히 배우고 세계 여러 나라를 다니며 그들의 문화를 접한다고 해서 세계적으로 되는 게 아닙니다. 나는 가장 '나'다울 때 세계적인 인물이 됩니다. 알다시피 인도에는 세계적인 종교사상가들이 많습니다. 오쇼 라즈니쉬(Osho Rajneesh)가 그렇고 끄리슈나무르띠(J. Krishnamurti)가 그렇습니다. 이들이 세계적인 인물이 되는 것도 같은 이치입니다. 가장 인도적일 때 세계적이 됩니다.

이번 강의를 위하여 열 개의 이야기 주제를 택했습니다. 그러나 어떤 결론도 내리지 않을 겁니다. 내 이야기에 결론은 없습니다. 다만 여러분에게 물음을 던질 겁니다. 동시에 나 자신에게 던지는 물음이기도 합니다. 나는 이렇게 생각하는데 여러분들은 어떻게 생각하느냐? 사람들은 이렇게 사는 것을 정상이라고 하는데, 과연 그런가? 대답은 여러분 각자의 몫입니다.

춤추는 쉬바(Śiva), 나따라자(Nataraja). 무지와 악을 짓밟아 없애는 쉬바를 나타낸다.

어떤 의미에서 이와 같은 물음들은 대답이 없어도 좋은 질문, 결론이 없어도 좋은 논의라 할 수 있습니다. 과정이 중요해요. 묻고 있다는 사실이 중요하고, 논의하고 있다는 사실 자체가 의미를 지닙니다. 철학이라는 게 그렇고 종교라는 게 그렇습니다. 그건 끝점보다는 나아가는 과정이 중요한 영역입니다. 끝점에 집착하면 되레 왜곡되기 쉬운 영역이기도 합니다. 묻는 행위 자체가 철학이고, 사는 것 자체가 종교입니다. 그러다 보면 어디엔가 닿아 있습니다. 우연히. 정말 우연히.

그러나 우연은 그냥 일어나지 않습니다. 우연은 묻고 또 묻는 사람에게 그야말로 우연히 일어납니다. 준비한 사람에게만 의미 있는 우연이 있을 수 있습니다. 지금까지 지극히 당연하다고 여겼던 것, 지극히 정상적이라고 생각되었던 것들에 대해 묻고 또 묻다보면, 문득 관념의 틀에서 벗어나 있는 자신을 보게 됩니다. 이런 의미에서 이 강의에 굳이 이름을 붙이자면 '관념의 파괴'라고나 할까요?

강의를 시작하기 전에 미리 말씀드리고 싶은 것은, 제 강의는 전혀 노트 필기가 필요 없다는 것입니다. 한쪽 귀로 듣고 한쪽 귀로 흘려버리는 게 좋습니다. 가능하면 여러분들의 기억 속에 나의 이야기는 남지 않기를 바랍니다. 이 시간에는 빈손으로 와서 다만 내가 하는 이야기를 듣고, 마음속에 어떤 느낌이 있다면 그걸로 충분합니다. 충격이 있다면 대성공이겠지만, 그냥 '아, 좋았다'라든가 '말도 안 돼'라든가 하는, 그런 느낌만 여러분들이 간직하면 되겠습니다. 굳이 그런 느낌을 간직하고자 노력할 필요도 없습니다. 결과를 의식하고 목적을 의식하면 몸도 마음도 뻣뻣해지게 마련이거든요. 뻣뻣해지는 순간에 진실은 왜곡됩니다. 왜곡되면, 본질의 세계로 다가가는 내 존재 자체의 변화와는 무관해집니다. 지식이라는 군더더기가 늘어날 뿐입니다.

그러니까 기억할 필요도 없고 더군다나 필기할 필요도 없습니다. 제가 이런 이야기를 해놓으면 기말고사 볼 때쯤 "선생님, 첫 시간에 아무것도 기억하지 말라고 그랬는데 시험은 어떻게 봅니까?" 그렇게 물어올 것입니다. 그러나 시험 보는 방법이 있고, 또 각자 나름대로 시험을 봐서 좋은 성적을 얻을 수 있으니까 열심히 듣기만 하면 됩니다. A학점을 잊어야 A학점을 잃어버리지 않을 수 있습니다.

중요한 것은 느낌입니다. 아름다운 풍경을 대했을 때, 다만 그 아름다움을 느끼는 것이 중요합니다. '이 장면을 어떻게 해야 멋진 시로 표현할 수 있을까?' '어떤 앵글로 잡아야 괜찮은 사진이 될까'를 생각하는 순간 이미 그 아름다움은 생명을 상실합니다. 살아 펄떡이는 생선은 없고 죽은 고기만 남습니다. 어떤 경우든 생각은 '지금 여기'와 무관합니다. 그것은 언제나 과거와 이어져 있거나 아니면 미래와 연결되어 있게 마련입니다. 오직 느낌만이 지금 여기에 있습니다. 오직 느낌에 충실할 때 늘 새로울 수 있으며, 늘 처음일 수 있습니다. 알다시피 최초는 최고와 통합니다.

마찬가지로 여러분의 노트는 이미 생명을 상실한 것입니다. 나와 여러분이 일직선으로 만나는 이 상황은 여러분의 노트 속에 없습니다. 나와 여러분, 그리고 여러분 상호간에 일어나는 보이지 않는 에너지의 교감은 노트에 기록될 수 없습니다. 거듭 말하지만, 중요한 것은 지금 이 순간의 느낌입니다. 나와 여러분이 만나는 지금 여기의 콘텍스트가 중요합니다. 물론 노트가 잊어버린 기억을 일깨우기 위한 단서로 사용될 수는 있을 것입니다. 그러나 그건 우리의 내적인 성장에 큰 도움이 되지 않습니다. 오히려 걸림돌이 될 수도 있습니다. 관념의 틀을 형성할 수 있기 때문입니다.

1
종교 없는 종교, 힌두교

진리가 유일하다고 해서
여기에 이르는 길조차도 유일한 건 아닙니다.

싸움, 둘이 하나되려는 몸부림

오늘 아침 학교 화장실에서 참 재미있는 낙서를 보았습니다. "참 희한하다. 바깥에서는 몰랐는데 들어와 낙서를 보면 내가 늘 같은 곳에 들어오는 것 같다." 아마 여러분도 이와 비슷한 경험이 있을 겁니다. 화장실에 여러 칸의 개인 공간이 마련되어 있지만, 특별한 일이 없는 한 늘 가는 곳에 가는 자신을 보게 됩니다. 저절로 그렇게 됩니다. 도서관 열람실에서도 마찬가지입니다. 수많은 책상들이 있지만, 늘 앉는 곳이 따로 있지요. 혹 늦게 가서 이미 다른 사람이 앉아 있으면 마치 내 자리를 빼앗긴 것처럼 서운하기도 하고, 다른 자리에 앉아 있으면 뭔가 어색하고 불안합니다. 왜 그럴까요? 아까 그 학생의 낙서처럼 참으로 희한한 일이잖아요? 누가 시킨 것도 아닌데 늘 같은 곳으로 가요.

지금 이 강의실에도 여러분 각자의 지정석은 없습니다. 그런데도 이제 몇 주 지나니까 벌써 자기 자리가 정해지기 시작하지요? 이 학생은 늘 앞자리에 앉고, 저기 저 스님은 10시 방향 중간에, 그리고 저기 안경 쓴 학생은 늘 뒤쪽 구석자리에 앉잖아요. 맞지요?

왜 늘 앉는 자리에 앉고 싶어집니까? 거기 앉으면 마음이 편안하기 때문입니다. 이 강의실에 처음 들어왔을 때, 처음으로 그 자리에 앉았을 때는 아마 서먹서먹했을 것입니다. 그렇지요? 마치 낯선 사람을 처음 대하는 것처럼 어색했을 겁니다. 앞에 서서 이야기하는 머리 길고 수염 긴 선생도 이상했지요? 그러나 몇 주가 지나면 달라집니다. 이상하기는커녕 오히려 자연스럽다는 생각마저 들 겁니다.

이와 같이 사람이든 물건이든 처음 대하는 것에는 무언의 거부감이 있습니다. 처음에는 둘 사이에 보이지 않는 투쟁이 있기 때문입니다. 사물도 마찬가지입니다. 마음이 있지요. 아주 미미하긴 해도 의식이 있습니다. 여러분이 처음에 그 의자에 앉았을 때, 의자가 여러분을 두고 '뭐 이런 놈이 다 있어?' 하고 생각했을지도 모릅니다. 하지만 '투쟁은 조화를 위한 몸부림'이라 했지요? 차츰 시간이 지나면서 조화를 이루어갑니다. 여러분과 의자 사이에, 여러분과 화장실 칸막이 사이에 하모니가 일어납니다. 조화가 있다는 것은 아름답다는 말입니다. 아름답다는 것은 좋다는 말이고, 좋다는 것은 기쁘다는 것입니다. 그래서 늘 가는 곳에 또 가고 싶어지는 것입니다.

힌두교는 곧 삶이다

오늘 아침에는 인도의 종교에 대해서 좀 생각해 봅시다. 여러분이 들어서 아는 것처럼, 인도는 종교의 나라라고 할 만큼 온갖 형태의 종교가 공존하고 있습니다. 인도 사람들은 아침에 눈을 뜨는 순간부터 저녁에 잠자리에 드는 순간까지 모든 일과가 신과 관련되어 있다고 할 만큼 하루 종일 종교적인 스케줄로 빡빡합니다. 개인의 일생을 두고 볼 때에도 그렇습니다. 이전에는 한 사람이 태어나서 죽을 때까지 200가지 이상의 성례(聖禮)를 치렀다고 합니다. 이중에서 중요한 것은 물론 출생식이나 결혼식 또는 장례식이라 할 수 있지만, 이외에

종교란 무엇인가? 풀잎처럼 연약한 인간, 합장한 손끝에 닿는 무한자의 역설적 내재, 인간이란 무엇인가?

도 아이가 태어나서 처음으로 음식을 먹을 때, 처음으로 머리를 깎을 때, 처음으로 문지방을 넘어 바깥으로 나갈 때 등등 수많은 성례가 기다리고 있습니다.

　무용이나 음악 같은 예술 분야에서도 사정은 다르지 않습니다. 여기서 테마가 되는 것은 언제나 신이고 종교라 할 수 있지요. 라마와 시따, 끄리슈나와 락슈미가 등장합니다. 신들은 늘 인간의 삶 속에 자리하고 있지요. 신과 인간이 함께 산다 해도 과언이 아닙니다. 도시의 학교에서는 좀 다르지만, 시골 초등학교라면 교실 한구석에 그

지방에서 널리 섬기는 신상이 놓여 있는 것을 흔히 볼 수 있습니다. 어떤 사원에서는 신이 매일 옷을 갈아입습니다. 내가 석사과정 공부를 하던 마드라스 대학에서는 특별한 날, 예를 들어 사라스와띠 축제 때는 학생들과 교수들이 함께 강의실에 제단을 만들고 제사를 드립니다.

이와 같이 내가 보기에 인도 사람들의 삶은 지극히 종교적이었습니다. 그런데 참 이상하게도 이 사람들은 전혀 자신의 종교를 의식하지 않습니다. 우리 같으면 '나는 무슨무슨 종교 신자다'라는 생각이 있을 법한데, 전혀 그런 생각을 하지 않아요. 당신 종교가 뭐냐고 묻는 사람도 없고, 내가 물어보아도 딱 부러지게 나는 힌두교인이라고 말하는 사람도 보기 힘들어요. 내가 "당신 종교가 뭐냐?"고 물으면, 오히려 "무슨 그런 질문이 다 있냐?" 이런 식입니다.

우리와는 달리 인도 사람들이 자신의 종교를 의식하지 않는 데는 몇 가지 이유가 있습니다. 우선 이들에게 종교는 전혀 선택의 문제가 아니라는 점을 들 수 있습니다. 우리 같으면 자기가 어떤 종교를 믿는다는 것은 여러 종교 중에서 하나를 고르는 선택의 문제라 할 수 있지만, 인도 사람들에게 종교는 생래적이라 할 수 있어요. 태어나면서 이미 어떤 한 종파에 속해 있으며, 죽을 때까지 그 테두리를 벗어나지 않습니다. 이게 힌두교인들의 삶입니다.

사실 힌두교는 인도인의 삶 자체라 할 수 있어요. 그들의 삶 가운데 특별한 어떤 한 영역이라기보다는 삶 그 자체가 곧 종교라고 하는 편이 옳아요. 그래서 현대 인도철학자인 라다끄리슈난(S.

Radharkrishnan) 같은 사람은 힌두교를 '인도인의 삶의 방식'(Hindu way of life)이라고 정의했습니다. 힌두교에 대한 여러 정의가 있지만, 라다끄리슈난의 정의는 간결하면서도 정곡을 찌르는 정의가 아닌가 생각합니다. 특별한 경우가 아니면 우리가 살아가면서 자신의 삶을 의식하지 않는 것처럼, 인도 사람들에게 종교는 곧 삶이기 때문에 자신의 종교를 의식하지 않는다고 볼 수 있습니다.

힌두교인들이 자신의 종교를 의식하지 않는 것은 힌두교 자체가 지니는 특징과도 깊은 관련이 있습니다. 우리가 일반적으로 아는 종교와는 달리 힌두교는 특정한 창시자를 중심으로 형성된 종교가 아닙니다. 예를 들어 기독교 같으면 예수 그리스도가 있고, 불교 같으면 붓다가 있지요? 또한 이슬람교는 무하마드가 일으킨 종교라고 할 수 있습니다. 그러나 힌두교에는 이런 유의 특정 인물이 없습니다. 그것은 여러 세대를 통하여 수많은 사람들의 '보이지 않는 손'에 의해 형성되어 온 종교입니다. 자연발생적인 종교라 할 수 있지요. 힌두교가 곧 삶 그 자체일 수 있는 것도 이런 이유 때문이지요. 우리의 삶이라는 것이 어디 특정한 창시자가 만들어냅니까? 여럿이 함께 만들어 가는 것이 삶인 것처럼, 힌두교라는 것도 바로 그러합니다.

특정한 창시자가 없기 때문에 힌두교는 사실 그 시원이 정확히 언제라고 말하기 어렵습니다. 대충 언제쯤이라고 말하는 것조차도 쉽지 않지요. 현재 우리가 아는 힌두교와 인도사상의 주인은 아리야인들이라고 합니다. 기원전 1500년경에 이들이 인도 북서부 힌두쿠시 산맥을 넘어 인도로 들어오면서 베다(Veda)라는 경전이 만들어지고

자가나뜨 사원 앞의 활기 넘치는 풍경. 인도 사람들에게 사원은 모든 삶의 중심이다.

힌두교의 여러 전승들이 하나 둘 자리를 잡게 되는 것은 사실이지만, 그전에도 이미 여러 토착민들이 자체의 고유한 종교 전통을 가지고 있었던 게 분명합니다.

   힌두교 전통 안에는 비(非)아리야적인 요소도 많이 스며 있는 것을 감안한다면, 힌두교는 반드시 아리야인들의 베다로부터 시작되었다고 말하기 어려워요. 사실 힌두교 사상의 근간이 되는 업과 윤회의 개념이 아리야인들의 것이 아니라는 게 일반적인 견해입니다. 베다에는 이런 개념이 없습니다. 힌두교의 모든 종파에서 받아들이는 요가는 이미 기원전 3000년경 인더스 문명에서 그 흔적을 볼 수 있습니다.

이제 힌두교는 곧 삶이라는 의미를 이해하겠어요? 깨달음을 얻어 해탈의 경지에 이르지 않는 한 우리의 삶은 언제나 미완인 것처럼, 삶 그 자체인 힌두교는 미완의 종교라 할 수 있습니다. '형성 도상의 종교'라고나 할까요? 아득한 태곳적부터 그래왔던 것처럼, 지금도 다수 대중의 보이지 않는 손에 의해 끊임없이 변화를 거듭하는 형성 도상의 종교가 바로 힌두교입니다.

사실 종교는 존재한다는 자체가 미완이라는 의미를 지닙니다. 틸리히 같은 종교철학자는 종교를 '자기부정적 상징체계'라고 했습니다. 종교는 그 자체로는 의미를 지니지 않는다는 겁니다. 종교는 종교 그 자체를 위하여 있는 것이 아니라, 다른 무엇을 위한 방편에 지나지 않아요. 종교는 다른 무엇을 '가리키는' 상징체계입니다. 달을 가리키는 손가락과 같은 것입니다. 강을 건너기 위하여 필요한 뗏목이라 했습니다. 예를 들어 어떤 사람이 손가락으로 달을 가리킬 때, 손가락은 그 자체로 의미를 지니는 것이 아니라, 다만 달을 가리키는 역할을 할 뿐입니다. 우리가 그 손가락을 통하여 달을 바라볼 때, 손가락의 역할은 끝납니다. 마치 강을 건너고 나면 뗏목은 필요 없는 것과 마찬가지지요. 종교는 천국이니 극락이니 하는 이런 저런 이름의 피안을 가리키는 손가락에 불과하며, 그곳으로 데려가는 뗏목에 불과합니다. 결코 그 자체가 목적일 수는 없습니다. 종교 그 자체가 목적으로 오해될 때 문제가 생기고 갈등이 일어납니다.

코끼리와 소경의 비유

힌두교의 또 다른 특징 가운데 하나는 공통 경전이 없다는 것입니다. 불교에는 불경이 있고 기독교에는 성경이 있잖아요? 이슬람교에는 꾸란이 있습니다. 이에 비하여 힌두교에는 모든 힌두교인들이 함께 공유하는 경전이 없습니다. 물론 힌두교에는 베다도 있고 우빠니샤드(Upaniṣad)도 있지만, 이와 같은 경전들은 카스트의 상위계층 사람들에게나 해당되는 경전이며, 하층 천민들은 아예 가까이 할 수 없습니다.

힌두교의 여러 종파들은 각자 전통에 따른 경전을 가지고 있으며 그 내용이 실로 다양합니다. 그래도 가장 널리 읽히는 경전은 『바가바드기따』(Bhagavadgītā)라 할 수 있지요. 흔히 기독교의 신약성서에 비유되는 경전이지요. 우리나라에도 이미 오래전에 번역, 소개되었습니다.

포교 또는 전도의 필요성을 느끼지 않는다는 것도 힌두교의 중요한 특징입니다. 우리나라의 종교 상황과는 극명하게 대조되는 점이지요. 신도들이 포교에 신경 쓰지 않는다는 것, 여러분은 이해가 가요? 불교인이든 크리스천이든 자기가 지닌 신념을 다른 사람들에게 권하고 전파하고자 하는 것이 우리나라 종교인들의 일반적인 모습이잖아요? 좀 지나치면 전철 안에서도 '믿으면 천국, 안 믿으면 지옥'을 외치는 것이 우리나라 사람들이잖아요? 그런데 나는 인도에 십여 년 살면서 "당신 힌두교인 되시오" 하고 권하는 사람을 본 적이 없어요.

포교의 필요성을 느끼지 않는다는 것은 개종의 필요성을 인정하지 않는다는 말과 같습니다. 자신의 종교를 다른 종교로 바꾸어야 할 이유를 모른다는 겁니다. 마하뜨마 간디 알지요? 간디는 인도의 아버지로 추앙되는 분입니다. 그가 뭐라고 했는가 하면, "힌두교인은 더욱 훌륭한 힌두교인이 되어야 하고, 기독교인은 더욱 훌륭한 기독교인이 되어야 하며, 이슬람교인은 더욱 훌륭한 이슬람교인이 되어야 한다"고 했습니다. 힌두교인이 이슬람교인 될 필요도 없고, 기독교인이 이슬람교인 될 필요도 없다는 것입니다. 각자 자신의 전통 위에서 더 훌륭한 종교인이 되는 것, 그것이 이상적인 상태라고 역설했습니다. 여러분이 알다시피 간디는 힌두교뿐만 아니라 기독교·이슬람교·자이나교·불교 등 여러 종교 전통들을 섭렵했고, 또한 이 종교들이 지닌 장점을 높이 평가했지만, 그럼에도 자신은 힌두교인이라고 했습니다.

이와 같이 힌두교인들이 포교나 개종의 필요성을 느끼지 않는 것은 진리에 대한 이들의 독특한 사유방식과 관련이 있습니다. 진리는 하나지만 여기에 이르는 길은 여럿 있을 수 있다는 것은 인도인들의 뿌리 깊은 생각입니다. 진리가 유일하다고 해서 여기에 이르는 길조차도 유일한 건 아닙니다. 마치 산의 정상은 한 곳이지만, 정상으로 오르는 길은 여럿 있을 수 있는 것과 마찬가지입니다. 『리그베다』(Ṛg-veda)에 이런 말이 있지요. "오직 하나뿐인 이, 그를 현자들은 여러 이름으로 부른다." 진리는 결코 어떤 하나의 종교가 독점할 수 있는 게 아닙니다.

　사실 힌두교의 포용력은 진리의 다면성을 인정하는 자세에 그 뿌리가 있습니다. 종교인들은 대개 자기가 믿는 종교만 옳고, 다른 종교는 모두 그릇된 것이라고 고집하는 경우가 많지요. 이 같은 고집은 하나의 진리가 지니는 다면성을 바로 보지 못하는 데서 오는 편견이라 할 수 있습니다.

　여러분, 코끼리와 소경의 비유 알아요? 인도의 자이나교 경전과 불교 경전에 공통적으로 나오는 비유입니다. 초등학생들이 읽는 동화책에서도 볼 수 있는 이 비유는 인도 사람들에게 뿌리 깊은 진리의 다면성을 훌륭하게 짚어내고 있지요. 이 이야기 잘 몰라요? 초등학교 때 읽은 동화책을 복습한다는 의미에서 다시 한번 살펴볼까요?

　고대 인도에 어떤 왕이 있었습니다. 좀 괴짜였던 것 같아요. 하루는 왕이 신하에게 명해서 성안에 살고 있는 모든 소경들을 불러 모았습니다. 코끼리 한 마리를 데려다 놓고 소경들이 만져보게 했지요. 각기 다른 부위를 만져본 소경들은 당연히 다른 말을 했습니다. 머리를 만져본 소경은 뭐라 했겠어요? "코끼리가 마치 항아리 같다"고 했어요. 그러자 귀를 만져본 소경은 "무슨 소리냐, 코끼리는 부채 같다"고 했지요. 배를 만져본 소경은 "웃기는 소리 하지 마라, 코끼리는 벽 같다"고 했지요. 결과는 어떻게 되었어요? 서로 의견이 다르니까 다투게 되었지요? 코끼리라는 하나의 실체를 놓고 자기가 만져본 부위가 각기 다르기 때문에 코끼리에 대한 의견이 엇갈리게 된 것입니다.

　여기서 소경들의 잘못은 코끼리 그 자체를 잘못 안 게 아닙니다.

다만 자기가 알고 있는 지식이 부분적이라는 것을 몰랐다는 것입니다. 그게 잘못이지요? 자기가 안 지식은 전체 코끼리에 대한 극히 일부에 불과하다는 것을 몰랐기 때문에 서로 다툴 수밖에 없었습니다. 부분을 부분으로 알 때, 그것은 전체를 바르게 알 수 있는 바른 지식이 될 수 있습니다. 그러나 부분을 전체로 착각하게 되면, 소경의 지식처럼 그것은 완전히 그릇된 지식이 되고 말아요. 코끼리는 기둥과 같다고 말하는 것은 전혀 맞지 않는 말이지만, 코끼리의 일부인 다리는 마치 기둥과 같다고 말하는 것은 코끼리에 대한 바른 지식이 됩니다.

물론 종교라는 것이 이 비유처럼 그리 간단한 문제는 아닙니다. 진리의 다면성을 받아들인다는 것이 결코 쉬운 일은 아니지요. 종교의 본질 자체가 이걸 쉽지 않게 합니다. 무엇을 종교라 할 것인가에 대해서는 학자들 사이에 의견이 다르지만, 내가 보기에 종교는 우선 무엇보다도 깊이를 추구하는 영역이 아닌가 합니다. 일상적인 삶의 표면을 따라 이리저리 부유하는 것이 아니라, 안으로 안으로 침잠해가는, 깊이에로의 추구가 곧 종교 아닌가 합니다. 폭보다는 깊이가 훨씬 중요하지요.

어떤 사람이 하나의 믿음을 지닌다는 것은 마치 한 남자가 한 여자를 사랑하는 것 또는 한 여자가 한 남자를 사랑하는 것과 비슷한 점이 있어요. 예를 들어 자기 애인이 다른 여자한테 한눈팔면 어때요? 열 받잖아요? 한 남자가 이 여자도 사랑하고 저 여자도 사랑한다면, 사람들이 뭐라 합니까? "야, 그 남자 무지무지 사랑이 많구나" 그래요? 아니지요? "저 남자 바람둥이야" 그러잖아요. 종교도 마찬가지입니다. 어떤 사람이 오늘은 절에 가서 부처님께 예불 드리고, 내일은 교회에 가서 예배드리고, 또 그 다음날은 성당 가서 신부님께 고해성사한다면, 사람들이 뭐라고 하겠어요? 그 사람은 종교에 대한 열린 마음을 지닌 사람으로 평가되는 것이 아니라, 당장 '이단'으로 낙인찍힐 수도 있습니다.

이와 같이 종교는 본질적으로 폭보다는 깊이가 중요한 영역이기 때문에, 추구하는 과정에서 다소의 배타성이 나타날 수밖에 없는 부분이 분명히 있어요. 남녀의 사랑이 그런 것처럼 말입니다. 진리에 이르는 길은 여럿 있을 수 있지만, 그럼에도 각자에게 자신이 택한 길이야말로 유일한 길이라는 신념을 요구하는 것이 종교입니다. 한 남자가 사랑할 수 있는 여자는 지구상에 수십억이 넘을 수도 있지요. 그렇지만 일단 한 여자를 택하고 나면, 그 사람이 자신에게 지구상에서 유일한 여자이기를 원합니다. 그래야 사랑이 원만하고 깊어질 수 있거든요.

전체로 볼 때는 상대적인 것일 수도 있지만, 개개인의 입장에서 보면 절대일 수밖에 없는 것이 신앙이고 남녀의 사랑입니다. 이것저것 따지지 않는 맹목성이 요구되기도 합니다. 여기에 어려움이 있습니다. 상대와 절대, 이 둘을 동시에 추구해야 하는 어려움이 있어요. 마치 그것이 유일한 것인 양 한곳에 집중하지만, 어느 한곳에 치우치지 않고 끊임없이 균형을 잡아가야 합니다. 이것은 어떤 의미에서 '역설적 균형'이라 할 수 있지요. 자신에게 집중하면 할수록 타인과의 관계에 더욱 집중해야 하는 역설입니다. 구심력과 원심력이 균형 잡힌 정중동(靜中動)이지요. 대응하는 것들이 균형을 이루는 곳, 바로 거기에 명상이 있고 종교가 있습니다.

이야기가 너무 무거워지나요? 심각해질 필요는 전혀 없어요. 심각해지면 뻣뻣해지잖아요? 유연함을 잃어버리면 부러져요. 유연함이란 뭡니까? 전후 좌우 내외의 균형이 이루어지고 있다는 것입니다. 뻣뻣하다는 게 뭐예요? 한곳에 골몰한 나머지 주변을 보지 못한다는 것입니다. 주변을 보지 못하면 사고가 생기게 마련이지요. 모든 문제는 균형이 무너지는 데서 일어납니다. 경지에 오른 검객은 정면의 적을 향하여 칼을 겨누고 있어도 사실은 그에게만 칼을 겨누고 있는 게 아니지요. 전후좌우상하의 모든 적들을 살피고 있는 것입니다. 그래야 훌륭한 검객이라 할 수 있지요. 종교도 마찬가지입니다. 내가 어떤 종교를 통하여 구도의 길을 가려 한다면, 마치 그 길이 유일한 것처럼 마음을 거기에 몰두하면서도 다른 종교들에 대해 항상 마음을 열어 두는 유연함이 필요합니다.

종교는 없는 것처럼 있는 것이 가장 이상적인 게 아닌가 생각합니다. 우리나라 사람들은 종교에 대해서 지나치게 심각한 편이지요. 자신의 종교에 대해서도 그렇지만 다른 사람들의 종교에 대해서는 정도가 심해요. 지나치게 의식한다는 겁니다. 지나친 의식은 항상 본질을 왜곡할 위험을 안고 있다는 게 문제입니다. 자기의 종교를 지나치게 의식하기 때문에, 다른 종교에 대해서 폭력도 불사하게 되는 것입니다. 이 점은 비단 종교와 종교 간의 문제에 국한되지 않습니다. 사

진리는 결코 어떤 하나의 종교가 독점할 수 있는 것이 아니다.

람들 사이에도 일어나는 문제입니다. 자존심이 강한 사람은 다른 사람들과 부딪칠 가능성이 많아요. 그렇지요?

가능하면 종교를 잊어버리고 살 수 있었으면 합니다. 종교에 대하여 묻지도 말고 대답하지도 말았으면 좋겠다는 생각도 듭니다. 종교는 이성으로 따져서 아는 것이라기보다는 체험으로 아는 것이기 때문입니다. 개념을 쪼개고 따지는 순간에 종교는 이미 그 생명을 상실하는지도 몰라요. 마치 한바탕 웃고 지나가는 농담처럼 말입니다. 상대방이 던지는 농담을 듣는 순간에, 웃음이 나면 웃으면 그만입니다. 누가 농담을 듣고 이게 웃어야 할 것인가 아닌가를 이성적으로 분석하고 나서 웃는 사람 있나요? 없지요? 종교도 마찬가지라고 생각합니다. 그건 우리를 둘러싸고 있는 공기 같은 거라 할 수 있어요. 종교는 '왜'라는 물음이나 '무엇'이라는 물음이 그다지 필요치 않은 체험의 장이라 할 것입니다.

더 알고 싶은 인도

산발과 수염은 인도하고 관계가 있나요?

그렇게 묻는 사람들이 많아요. 그런데 내가 산발(散髮)에 수염을 달고 사는 것과 인도는 별반 관계가 없어요. 사실 인도의 성인 남자들은 대개 머리가 아주 짧은 편이지요. 물론 인도에도 나처럼 산발 수염이 없는 건 아닙니다. 인도 사람들 중에 누가 나처럼 산발 수염인지 알아요? 길거리 거지들이 산발 수염입니다. 거지 중에서도 보통 거지는 머리가 짧아요. 거지 중에 상거지만 나처럼 산발 수염이지요.

또 다른 한 부류가 있어요. 히말라야처럼 깊은 산중에서 특별한 수행을 하는 수행자들이 산발 수염을 하고 있습니다. 이렇게 보면 인도에서 산발 수염은 두 부류지요. 하나는 세상이 완전히 버린 거지들이고, 다른 하나는 세상을 완전히 버린 수행자들입니다. 버려지거나 버리거나 둘 중 하나라는 말입니다.

여자들은 이와 정반대입니다. 보통 여자들은 아주 머리가 길어요. 물론 산발이라는 말은 아닙니다. 기혼 여성들은 이전에 우리 어머니들처럼 쪽을 찌는 게 일반적이지요. 처녀들은 머리를 길게 땋습니다. 코코넛 기름을 즐겨 바르지요. 성인 여자들 중에 머리가 짧은 경우는 대개 두 가지인 것 같아요. 길거리의 거지들이 단발입니다. 만일 사리를 입은 여성 중에 남자처럼 머리가 짧다면, 십중팔구는 거지 중에서도 완전히 버려진 상거지라고 보면 틀림없어요. 인도 여성들 중에 단발인 또 다른 한 부류는 톱클래스의 패션모델이나 아주 멋을 부리는 상류층 여성들이지요. 물론 예외가 없는 건 아닙니다.

기왕 말이 나왔으니 나의 산발 수염 이야기도 좀 할까요? 이제 장발과 수염을 빼면 내가 아닌 것 같아요. 이렇게 된 데는 이유가 있었어요. 다니던 학교를 그만두고 산에 혼자 거처를 정하면서 장발이 되고 털보가 되었거든요. 한 2년 반쯤 산에서 독거를 했는데, 지금 생각하면 그때 처음으로 어둠을 알았어요. 내 마음에 어둠이 내렸다는

인도 여성의 전형적인 머리모양. 코코넛오일을 바르고 곱게 빗어 쪽을 찌는데, 기혼여성은 조금 느슨하게 머리를 땋는 것이 다르다. 긴 머리는 전통의상인 사리와 잘 어울린다.

말인데, 이 이야기는 다음에 하지요. 산에서 내려오고 나서도 여전히 장발이었으니, 이제는 20년을 넘게 산발 수염으로 살아온 셈이 됐네요.

 이제는 이유가 없어요. 오히려 산발 수염이 자연스럽고 편해요. 건강한 것에 이유가 있을 수 없는 것처럼, 편하고 자연스런 것에 이유가 있을 리 없지요. 그래도 굳이 산발 수염인 이유를 대라 한다면, 다른 사람들이 머리를 깎고 수염을 깎는 것과 똑같은 이유로 나는 머리와 수염을 깎지 않는다는 것뿐이지요.

　알다시피 머리카락의 일차적인 역할은 자외선과 바람, 추위나 외부의 충격으로부터 머리를 보호하는 것입니다. 난방기구나 모자, 심지어는 자외선 차단기까지 있는 현대사회에서는 머리카락이 인간 생존에 필수적인 것은 아닙니다. 머리카락 없이도 얼마든지 살아갈 수 있어요. 오히려 현대사회에서 머리카락이 지니는 의미는 사회적인 측면이 강해요. 예를 들어 대머리가 고민스러운 것은 따가운 햇볕에 또는 바람이나 비에 머리가 노출될 위험이 있기 때문이 아니라 미관상, 사회 통념상 신경 쓰이는 부분이 있기 때문이지요. 산발 남자가 눈총을 받고 심지어는 단속의 대상이 되는 것 또한 그것이 지니는 사회적인 의미 때문이라고 봐요.

　장발은 무질서와 동일시되는 측면이 있습니다. 장발이 지니는 사회적인 의미라고나 할까요. 엄격한 기율이 요청되는 곳에서는 어김없이 머리카락의 길이를 단속하잖아요? 군대 조직이 그렇고 교도소 수감자들이 그렇습니다. 또한 중고등학생들에 대한 두발 단속도 마찬가지입니다. 초등학생 때는 두발 단속을 안 하는 것은 아직 어리다, 이런 말이지요. 두발 단속은 모두 외적인 부분인 머리카락을 단속함으로써 집단 전체의 질서 유지를 꾀한다는 의미를 지녀요. 남자들이 결혼 전에는 긴 머리 소녀를 좋아하다가도 결혼을 하고 나면 아내가 가능한 한 짧은 파마머리이기를 바라는 것도 일종의 두발 단속이라고 볼 수 있지요. 그것은 일찌감치 아줌마 머리 모양으로 바꾸어 놓아야 결혼한 여자로서의 본분을 잊어버리지 않을 수 있다는 믿음의 표현이지요.

　이와 같이 성인 남자의 장발이 무질서의 상징으로 평가되고 심지어 단속의 대상이 된 것은 비교적 최근의 일이지요. 이것은 범세계적인 가치 기준도 아닙니다. 예를 들어 중세 유럽에서는 남자들도 머리가 긴 것이 오히려 정상이었으며, 지금도 이슬람 문화권에서는 수염이 없으면 남자로 취급하지 않는다고 해요.

　굳이 먼 곳에서 예를 들 것도 없이 조선 시대만 해도 남자들은 긴 머리가 표준이었잖아요? 물론 장가를 들면 상투를 틀기는 했지만, 머리가 짧아진 것은 아니었어요. 구한말에는 일제의 단발령에 맞서 상투를 자르려거든 차라리 목을 자르라고 대들었던 것이 우리 조상들이었어요. 그때는 성인 남자라면 수염을 달고 다니는 것이 통례였어요. 그러나 요즘 우리 사회에서는 수염을 깎지 않는 것은 곧 권위에 대한 도전으로, 버르장머리 없는 소행으로 받아들여지는 게 보통인 것 같아요.

　이처럼 성인 남자의 장발이 대개 사회적인 통념에 따라 판단되어 온 것이 사실이지만, 장발은 오히려 개인의 심리적인 측면과 상당한 관련을 지니는 것 같아요. 내 경험으로 볼 때, 우선 머리카락의 길이는 인간의 감성과 상당한 관련을 지녀요. 대개 여자가 남자보다 감성적이지만, 머리가 긴 남자들 가운데는 가수나 작가 또는 예술 방면에 종사하는 사람들이 많은 것은 이런 이유가 아닐까 합니다. 가끔 택시를 타면, 택시기사들의 십중팔구는 머리 긴 나를 두고 예술가냐고 물어요. 분명히 머리카락의 길이는 인간의 감성과 비례하는 면이 있어

장발에 수염을 기른 유행자(왼쪽)와 길일을 맞아 띠루말라 사원에서 삭발을 한 비슈누교 아이들(오른쪽).

요. 머리가 짧으면 감성적이기보다는 행동적이지요. 이전에 남자들의 아주 짧은 헤어스타일을 스포츠머리라고 한 것처럼, 스포츠맨들은 대개 머리를 아주 짧게 깎는 편입니다. 미래학자들이 말하는 것처럼 앞으로 감성의 시대가 온다면, 분명히 남자들의 머리는 지금보다 길어질 것입니다.

불교에서는 머리카락을 무지와 번뇌의 표시라 하여 출가수행자는 삭발을 해요. 무명(無明)의 상징인 머리카락을 삭도(削刀)로 밀어요. 힌두교에도 삭발 전통이 있어요. 정수리 부근의 머리카락을 남겨 두기는 하지만, 힌두교에서 삭발의 의미는 불교와 비슷해요. 남인도 띠루빠띠(Tirupati)에 있는 띠루말라(Tirumala) 사원은 삭발하는 곳으로 유명하지요. 수백 명이 한꺼번에 삭발을 해요. 머리카락을 왜 무명초(無明草)라 했는지, 또는 어디까지가 진실인지는 알 수 없지만, 적어도 머리카락이 사념과 어떤 관련을 지닌다는 것은 분명해요. 머리카락이 길어지면 이런저런 생각이 많아지기 때문에 무명초라 하지 않았을까 생각합니다. 머리카락의 길이는 사념의 길이와 비례하는 면이 있어요. 물론 모든 사념이 반드시 나쁜 것만은 아닙니다. 사념으로 사념을 끊을 수는 없지만, 그럼에도 사념의 너머로 가는 플랫폼까지 우리를 데려가는 것은 역시 사념일 수밖에 없기 때문이지요.

피부의 변형이라는 점에서는 동일하지만, 머리를 깎는 것은 손톱이나 발톱을 깎는 것과는 다른 의미를 지닙니다. 그것은 어떤 획기적인 심리적 전환과 관련을 지니는 경우가 많아요. 불교에서 수행자로 출가할 때 삭발하는 것이나, 일본의 스모 선수들이 은퇴식에서 상투처럼 틀어 올린 머리를 자르는 것도 이런 의미지요. 남자가 갑자기 머리를 짧게 깎는 것은 무엇인가 새로운 결심을 했다는 뜻이지만, 여자가 갑자기 머리 모양을 바꾼 것은 바람이 났다는 뜻이라는 고리타분한 통념도 있었어요. 그 내용의 진위를 떠나서, 이와 같은 사회 통념은 머리 모양의 갑작스런 변화가 내면에서의 어떤 급격한 변화를 의미한다는 생각을 반영하고 있어요. 삭발은 자신의 의지가 결연함을 나타내 보이는 수단으로 사용되기도 하잖아요? 삭발투쟁은 그냥 머리띠를 두르고 구호를 외치는 것과는 강도가 달라요.

머리카락이 인간의 내면을 반영하는 것은 의심할 나위 없이 분명해요. 그러나 복제인간이 아닌 이상 이 세상에 생각이 똑같은 사람이 있을 수 없잖아요? 따라서 남자의 머리가 길고 짧은 것은 본질적으로 개인의 문제일 수밖에 없어요. 얼굴만큼이나 그 사람의 독특한 개성을 드러내는 것이 머리 모양입니다. 남자는 무조건 머리가 짧아야 한다는 것은 '지금 여기'의 사람들에 의해 형성된 지극히 단편적인 통념에 불과해요.

흔히 우리 사회에서 산발이나 수염은 거칠고 무지막지한 남자의 상징으로 통하잖아요? 그러나 반드시 그런 것도 아닙니다. 수염을 기른 사람들 중에는 의외로 샌님들이 많아요. 오히려 수줍음을 많이 타지요. 마치 소녀가 수줍어할 때 손으로 입을 가리는 것처럼, 수염으로 늘 입을 가리고 있는 것과 같아요. 그러니 젊은 남자의 수염을 무조건 권위에 대한 도전이나 거친 남성의 표현으로 받아들일 필요는 없어요.

남자는 머리가 짧아야 한다, 수염을 깎아야 한다는 일반론의 배경에는 사실 힘의 논리 또는 다수결의 논리가 작용해요. 다시 말해서 남자의 장발을 이상스런 눈으로 본다거나 심지어는 단속의 대상으로 규정한다는 것은, 다만 힘 있는 내가 깎으니 힘없는 너도 당연히 깎아야 한다는 얘기지요. 아니면 동시대, 동일 지역에 사는 대부분의 남자들이 머리가 짧으니 당신도 머리가 짧아야 한다고 다수결의 논리로 밀어붙이는 것이지요. 내가 우리나라 사회에서 '산발 수염'을 인정받기까지 몇 년 걸린 줄 알아요? 20년이 넘게 걸렸습니다.

2

다양성 속의 통일

변화 속에 아름다움이 있는 것처럼,
너와 내가 다르다는 것은 우리가 함께
아름다울 수 있다는 증거입니다.

최초는 최고와 통한다

한 주간 별일 없었어요? 별일이 있어야 되는 거 아닙니까? 사실 늘 별일이고 별일이어야 합니다. '별일 없는 삶'은 '별 볼 일 없는 삶'이라 할 수 있습니다. 별일이라는 게 뭡니까? 늘 있는 일이 아니라는 말이지요. 예를 들어 어제 십 년 전 헤어졌던 친구를 만났다면 별일이 있었다고 하겠지만 늘 있는 일, 밥 먹고 학교 갔다가 돌아와서 잠자는 일은 별일이라고 하지 않습니다. 새로운 일이 아니라고 여기기 때문입니다.

그러나 그렇지 않습니다. 불교에서는 찰나 간에 생멸(生滅)이 있다고 합니다. 여러분, 찰나가 어느 정도의 시간인지 압니까? 힘센 장정이 손가락을 한 번 탁 튕길 때 걸리는 시간의 60분의 1이 찰나라고 합니다. 물론 이것은 상징적인 의미를 지닌다고 볼 수 있지만, 아무튼 찰나 간에 생멸이 있다고 합니다. 만일 그렇다면 우리의 삶은 온통 별일이라 할 수 있지 않겠어요? 서양의 어느 철학자가 누구도 같은 강물을 건널 수 없다고 한 것처럼, 우리가 건너는 삶이라는 강물은 순간순간 처음이고 별일입니다. 삶은 늘 처음일 때 최고일 수 있어요. 알다시피 최초는 최고와 통하거든요. 지금까지 달에 발을 디딘 사람은 여럿 있습니다. 그러나 우리가 닐 암스트롱이라는 사람을 기억하는 것은, 그가 인류 역사상 최초로 달에 착륙한 사람이기 때문입니다.

그밖에도 여러 예를 들 수 있어요. 첫인상이 중요하다는 것이나,

첫사랑이 가슴속에 오래도록 남는 것도 같은 이치지요. 처음이라는 생각이 있기 때문에 그토록 인상 깊은 것입니다. 진짜 처음이냐 아니냐는 중요하지 않아요. 오히려 내가 그렇게 느끼느냐 하는 것이 요점입니다.

늘 새로울 때 의미를 갖는다

이제 별일 없는 삶은 별 볼 일 없는 삶이라는 말의 의미를 알겠어요? 물론 내가 오늘 아침에 여러분에게 인사로 "별일 없었어요?" 하고 물은 것은, 대개의 경우처럼 그동안 무슨 특별한 '사고'는 없었느냐는 의미는 아닙니다. 뭔가 특별한 일, 새로운 일이 없느냐는 겁니다.

사실은 늘 새로운데, 우리가 관념에 갇혀 있기 때문에 그 새로움을 놓치는 것입니다. 지금 여러분은 내가 지난주에 만난 여러분이 아니지요. 나도 마찬가지입니다. 지난주의 나는 이미 없어요. 생리학적으로 보아도 지난주에 내 몸을 구성하던 세포는 이미 거의가 물갈이를 하고 없어요. 그런데도 여러분은 '그 산발에 긴 수염 그대로군' 하고 생각하잖아요? 지금 이 순간이 아니라, 지난주에 보고 들은 데이터를 습관적으로 그냥 적용시키고 있는 것입니다.

친구를 대하는 것도 마찬가집니다. 처음에는 뭔가 새롭고 참신하던 녀석이 어느 순간부터는 그저 그렇고 그런 친구로 자리매김합니다. 아무리 오랜 친구라도 늘 새로운 구석이 있어야 해요. 그래야 우

힌두교인들에게 결혼식은 하층 천민을 포함한 모든 계층의 사람들에게 허용되는 유일한 성례(聖禮)라 해도 과언이 아니다.

정도 발전하는 법입니다. 그렇지 않으면 의미가 없어요. 엉뚱한 구석이라도 있어야 신선한 충격을 주는 친구일 수 있어요.

설사 부부 사이라도 마찬가지입니다. 흔히 그러지요? "저 사람 결혼하고 나니까 연애할 때와는 전혀 딴판이야." 사랑도 늘 새로워야 사랑일 수 있습니다. 예를 들어 남녀가 연애할 때, 처음에는 눈길만 마주쳐도 황홀할 수 있습니다. 그러나 늘 그런 상태로만 머물러 있다면 지루해집니다. '저 사람이 정말 나를 좋아하기는 하는 거야?' 하는 의심이 들기도 할 것입니다. 눈길로 하던 사랑이 손을 잡는 단계로 발전하고, 또 더 이상의 단계로 차츰 나아가잖아요? 연애할 때는 하루만 안 보아도 보고 싶어지지요? 왜 그럴까요? 왜 보고 싶은 걸까요? 새로운 세계, 아직 체험해 보지 못한 미지의 세계가 있을 것 같다는 기대가 있기 때문입니다. 그런데 결혼하고 나니까 '너는 내 꺼'로 결정되어버립니다. 연애할 때는 상대방의 변화에 지극히 민감하지요? 금방 알아차립니다. 그러나 차츰 상대방의 변화에 둔해집니다. 다른 곳으로 눈길을 돌리기도 합니다.

물론 꼭 육체적인 의미에서만 늘 새로워야 한다는 말이 아닙니다. 오히려 마음의 세계야말로 늘 새로울 수 있는 무궁무진한 가능성을 지니고 있습니다. 사실 육체적인 사랑에만 매달려 있기 때문에 서로 몸이 닿고 나면 심드렁해지는 것입니다. 더 이상 새로움을 발견할 수 있는 여지가 없기 때문이지요. 이미 만져볼 건 다 만져봤다 이겁니다. 이렇게 되면 사랑은 끝장이지요. 남아 있는 건 지루하고 따분한 일상뿐입니다.

아름다움이라는 것도 변화에 대한 감정입니다. 변화가 없다면 아름다움도 없습니다. 몸이든 마음이든, 심지어 자연도 마찬가지입니다. 늘 한 모습이라면 아름답지 않습니다. 창밖을 볼까요? 지난주에 비하여 훨씬 녹색이 짙어졌지요? 아름답잖아요? 좋잖아요? 겨울 내내 회색이던 산이 차츰 푸르게 변하고, 아무것도 없는 것 같던 땅에서 싹이 돋아나는 것을 볼 때, 우리는 아름다움을 느낍니다. 콘크리트로 된 아파트와는 다르지요? 만일 산이 아파트보다 아름답다면, 그건 변화가 있기 때문입니다. 아파트도 가끔 도색을 하고 나면 달라 보이지요? 아름답다는 생각도 듭니다.

사람도 마찬가지입니다. 어제가 오늘 같고 오늘이 내일 같다면, 그는 생명 없는 아파트나 다름없어요. 끝장입니다. 생명이 있다는 건 변한다는 것입니다. 늘 새롭다는 것입니다. 늘 새로울 때 사람이든 삶이든 의미를 지닐 수 있습니다. 아름다울 수 있습니다.

오늘 아침에는 서설이 다소 길었지요? 강의 주제하고는 영 딴판인가요? 그렇지는 않지만, 설사 그렇다 해도 문제될 건 없습니다. 여러분들이 아무런 준비 없이 그냥 듣는 것처럼, 나도 그냥 생각나는 대로 하고 싶은 이야기를 하는 것입니다. 어떤 주제를 정하고 여기에 맞추어 내 이야기를 하는 것보다는, 그때그때의 느낌에 따라 여러분과 이야기하고 싶거든요.

지금까지 한 이야기가 사실 오늘의 주제와 무관한 건 아닙니다. 오늘 강의 주제가 다양성 속의 통일인데, 지금까지의 이야기도 굳이 따지자면 다양성과 관련됩니다. 흔히 다양성 하면 공간적인 의미로 받아들이는 것이 일반적이지만, 시간적인 의미에서의 다양성도 있을 수 있지요. 그게 바로 '변화'라는 겁니다. 변화는 시간적인 다양성이라 할 수 있어요.

갠지스 강 모래알보다 많은 신들

인도는 여러 면에서 다양성이 돋보이는 나라입니다. 우선 땅덩어리가 우리와는 비교가 안 될 정도로 넓지요. 그렇기 때문에 그 안에 담겨 있는 내용도 다양하고 풍부할 수 있다고 하겠지만, 단지 그런 의미에서 다양하다는 것은 아닙니다. 예를 들어 미국이라는 나라도 땅이 넓고 인구도 많지만 다양성이라는 면에서는 인도와 비교가 안 됩니다. 우선 역사가 짧아요. 고작해야 200여 년의 역사를 지닌 나라가 미국 아닙니까? 문화는 결코 급조될 수 있는 게 아니거든요. 긴 역사를 자랑하는 러시아나 중국도 마찬가지입니다. 인도만큼 다양하지는 않은 것 같습니다.

세계에서 어느 나라가 정부 공용어로 18개 언어를 인정하고 있습니까? 물론 북인도에서는 힌디어가 많이 사용되고 남인도에서는 타밀어나 영어가 많이 사용되는 편이지만, 이외에도 15개의 언어를 정부가 공용어로 인정하고 있는 곳이 인도라는 나라입니다.

뉴델리 역 앞에 한참 서 있어 보면 별의별 사람들이 다 있습니다. 우리나라 같으면 벌써 부랑자 수용소로 잡혀갔을 사람들도 많아요. 나행(裸行) 수행자가 태연하게 군중 사이로 걸어가는가 하면, 그 더

다양한 언어로 된 간판과 현수막이 걸려 있는 바라나시 거리 풍경.

운 날씨에도 우리나라의 한겨울에나 어울리는 코트를 입고 다니는 사람도 눈에 띕니다. 캘커타에 가면 지금도 사람이 끄는 인력거가 교통수단으로 널리 이용되고 있습니다. 우리보다 먼저 인공위성을 쏘아올리고 핵개발을 했던 나라가 또한 인도 아닙니까? 그런데도 고대의 교통수단이 벤츠와 나란히 다닙니다. 전혀 문제가 없어요.

사람 사는 세계가 다양한 만큼 신들의 세계도 복잡하고 다양합니다. 나는 수년 동안 인도종교를 공부해왔지만, 지금도 인도 어느 지방에 가면 처음 듣는 신들이 많습니다. 하긴 갠지스 강 모래알 수보다 많은 신들이 있다 하니 그럴 만도 할 겁니다. 인도 종교사를 통하

다양성 속의 통일 55

힌두교의 여러 신들. 위 왼쪽부터 시계 방향으로 쉬바, 비슈누, 락슈미, 자가나뜨, 가네샤, 깔리.

여 여러 유형의 유신론이 발달하지만, 끝까지 기독교적인 의미의 유일신(the only God)은 등장하지 않습니다. 언제나 신들 중의 신(god of gods)일 뿐입니다. 일자(一者)는 언제나 다자(多者)를 통하여 존재합니다. 다자가 없다면 일자도 있을 수 없다는 게 이들의 사고방식입니다. 모든 신이 제각기 최고지만, 그럼에도 다른 신들을 배척하지 않습니다. 참으로 의미심장하잖아요?

흔히 인도종교의 특징으로 관용성을 듭니다. 자기가 가진 종교와 다른 종교를 배척하지 않는다는 것입니다. 특히 이종(異種) 혐오가 현저한 영역으로 꼽히는 종교에서 다른 종교에 반감을 지니지 않는다는 건 분명히 쉽지 않은 일입니다. 그러나 인도종교가 지니고 있는 관용성이라는 것은 적극적인 의미의 포용과는 달라요. 오히려 가만히 내버려둔다고 하는 표현이 옳을 것입니다. 그러면 대개 제풀에 쓰러집니다. 물론 가만히 내버려둘 수 있다는 것 역시 쉽지 않습니다. 나의 영역 안에 나와는 다른 이질적인 요소가 들어와서 알짱거리는데, 그걸 가만히 내버려둘 수 있다는 건 대단한 배짱이 필요합니다.

이와 같이 인도사회 전반에서 온갖 다양한 요소들이 각자의 색깔을 낼 수 있는 것은, 무엇보다도 이들의 사고방식 속에 나와 다른 것에 대한 거부감이 적다는 것과 관련을 지닙니다. 나와 다른 것에 대하여 유연해요. 적어도 우리처럼 '다른 것'을 '틀린 것'으로 혼동하지는 않거든요. 우리는 흔히 다르다는 것과 틀리다는 것을 혼동해서 말합니다. 그러나 다른 것은 다른 것이고 틀린 것은 틀린 것입니다. 같은 게 아니지요. 진리는 하나지만 진리에 이르는 길은 여럿 있을 수 있다는 뿌리 깊은 사고방식도 인도의 다양성에 일조합니다. 산의 정상은 한곳이지만, 여기에 이르는 길은 여럿 있을 수 있는 것과 같은 이치지요. 각기 다른 길을 가는 것처럼 보이지만, 결국에는 한곳으로 가고 있다는 생각입니다. 이런 사고방식은 이미 기원전 1500년경 베다 시대 사람들에게도 현저했습니다.

다른 것이 자연스러운 것으로 인정될 때, 자유가 있습니다. 우리나라에서 여러 차례 장발단속을 경험했던 내가 인도로 갔을 때, 우선 '야, 이 동네 무지무지 자유롭구나' 하는 생각이 들었습니다. 이상스런 눈으로 쳐다보는 사람도 없고, 머리 깎으라는 사람도 없고, 억지로 깎으려고 덤비는 사람은 상상할 수도 없었지요. 날씨가 덥고 추운 것과는 큰 관계없이 일제히 동복과 하복으로 갈아입으며 자란 나로서는 인도라는 나라가 아무튼 무지무지 자유로운 나라라는 생각이 들었습니다. 몸이 마음을 구속할 수 없다는 것은 사실이지만, 몸이 마음에 영향을 준다는 것 또한 틀림없는 사실입니다. 특히 우리 같은 보통 사람들에게는 우선 몸이 자유로워야 마음에도 여유가 생기는 겁니다.

인도사회는 자유로운 대신에 좀 혼란스럽다는 생각이 드는 것도 사실입니다. 온갖 이질적인 요소들이 뒤섞여 있으니까 그래요. 그렇다고 이 무질서를 통제하려는 뚜렷한 중심이 있는 것도 아니거든요. 국회의원도 있고 경찰도 있지만, 크게 관여하지 않습니다. 그야말로 인도사회는 다수 대중의 '보이지 않는 손'에 의하여 그냥 굴러갑니다. 오히려 이 무질서 속에서 편안함을 느끼고 자유를 느낀다고 봐야

인도 각지에서 몰려든 순례자와 외국인 관광객으로 혼잡한 갠지스 강가 아침 풍경. 무질서와 질서, 다양성과 통일이 공존한다.

할 것입니다.

바라나시에 갔을 때의 이야기입니다. 바라나시는 갠지스 강가의 화장터로 유명한 곳이지요. 이 작은 도시는 아마 인도에서도 가장 인도적인 도시가 아닌가 생각해요. 원래 유서 깊은 도시이기도 하지만, 인도의 온갖 다양한 측면과 무질서를 금방 피부로 느낄 수 있는 곳이기 때문입니다. 갠지스 강을 찾아 인도 각지에서 몰려드는 사람들과 외국인 관광객들로 연중 북새통을 이루는 곳이 바라나시거든요. '가트'(ghat, 강가의 목욕하는 계단)로 향하는 길이나 상가들이 모여 있는

다양성 속의 통일 59

거리는 발 들일 틈이 없을 정도로 복잡합니다. 도로에 차선이 보이지 않는 것은 태반이고 중앙선조차도 없는 곳이 많아요.

바라나시 역에서 사르나뜨(sarnat, 붓다가 최초로 설법한 곳)로 가는 택시를 탔는데, 시크교도인 택시기사가 불평을 해요. 전에는 그렇지 않았는데 요즘에는 길이 너무 막힌다고 짜증을 내는 거예요. 그래서 내가 그렇게 된 무슨 특별한 이유라도 있느냐고 물었더니, 대답이 참 묘해요. 전에 없던 신호등이 생겨서 그렇다는 것입니다. 신호등이 없었을 때는 차든 사람이든 적당히 알아서 잘 다닐 수 있었는데 신호등 때문에 훨씬 불편하고 차도 막힌다는 겁니다. 차라리 신호등이 없는 게 낫다고 그래요. 우리의 상식으로는 이해하기 좀 어렵지만, 인도 사람들은 그만큼 무질서에 익숙하다는 이야기가 됩니다.

'무질서 속의 질서'라고나 할까요. 그래도 큰 사고 없이 잘 굴러가요. 어떻게 보면 이른바 질서라는 것은 적당히 무질서가 섞여야 본래 의미를 지닐 수 있는 게 아닌가 생각합니다. 자칫하면 사람이 질서를 지키는 게 아니라, '질서가 사람을 구속하는' 꼴이 되거든요. 질서만 중요하고 의미 있는 것이 아니라, 무질서도 의미 있고 중요하다는 것입니다. 틀에 짜인 질서 속에서 자유를 느낄 수도 있지만, 혼잡한 무질서 속에도 자유가 있습니다. 무질서와 질서, 다양성과 통일이 적당히 균형을 이룰 필요가 있어요. 이 둘은 서로 기대고 있는 견제와 균형의 원리라고 봐야 해요. 어느 하나만으로는 무의미합니다.

분단 이후 우리나라 사람들에게 통일은 절대 지상의 가치로 자리매김해 왔습니다. 그야말로 '꿈에도 소원은 통일'이었잖아요? 물론

치담바람 사원 축대에 부조된 바라따나띠얌 춤. 다양한 춤사위가 아름다운 조화를 이룬다.

통일은 중요합니다. 둘이 하나 되는 것, 그건 합일이고 완성입니다. 남과 북에 서로 떨어져 있는 사람들이 다시 만나는 것도 중요합니다. 생각하기만 해도 가슴 뛰는 것이 통일이라는 것도 사실입니다. 그러나 생각해 봐야 합니다. 통일이라는 말이 혹 우리에게 획일로 오해되어 온 것은 아닌지 생각해 볼 필요가 있습니다. "뭉치면 살고 흩어지면 죽는다"는 구호가 혹 각자의 개성은 무시해도 괜찮다는 생각으로 이어지지는 않았는지 반성해 볼 필요가 있습니다.

　사회적인 차원이든 종교적인 차원이든, 어떤 경우에도 통일은 절대 무차별의 하나가 되는 것을 의미하지 않습니다. 그건 죽음입니다. 의미 있는 통일은 다양한 요소들이 유기적으로 하나 되는 것이라 할 수 있습니다. 조화라는 표현이 오히려 적합할 수 있지요. 조화라는 게 뭡니까? 붉은색 일색이라면, 노란색 일색이라면 무슨 조화가 있고 아름다움이 있겠어요? 파란색도 있고 노란색도 있고, 하다못해 흰색이라도 섞여야 조화라는 것이 의미를 지니고 아름다움도 생겨나는 법입니다. 모두가 똑같다면 조화도 없고 아름다움도 없습니다. 변화가 없다면 생명 있는 유기체라 할 수 없는 것처럼, 차이가 없다면 조화도 아름다움도 있을 수 없습니다.

인도가 수천 년의 역사를 통해 자기 고유의 문화와 전통을 고스란히 유지해 올 수 있었던 가장 큰 원동력은 '나'와 다른 것에 대한 유연성이라고 할 수 있습니다. 인도의 종교와 사상, 정치와 경제가 지닌 저력 또한 여기에 있습니다. 만일 인도가 영국으로부터 독립되었을 때 몇몇 정치가들의 뜻대로 하나의 언어로 통일되었더라면, 인도의 사상과 문화 가운데 적어도 절반 이상은 이미 죽고 없을 것입니다. 어떤 문화든 그 구성요소의 다양함을 인정하지 않는다면, 이미 생명을 상실한 것이나 마찬가지라고 보아도 괜찮습니다.

너와 나의 하나 됨을 추구하기 이전에, 우선 너와 나는 다를 수 있다는 것을 인식할 필요가 있습니다. 그렇지 않다면 너와 나의 하나 됨은 아무런 의미도 지닐 수 없어요. 죽음이지요. 생명을 상실한 화석에 불과합니다. 변화 속에 아름다움이 있는 것처럼, 너와 내가 다르다는 것은 우리가 함께 아름다울 수 있다는 증거입니다.

 더 알고 싶은 인도

인도사회에도 유행이라는 게 있나요?

우리나라 사람들이 유행에 민감한 것은 우리 사회에 다양성이 결여된 것과 관련이 있다고 봐요. 유행에 젖어 사는 우리로서는 이해하기 어렵겠지만, 인도 사회에서는 유행이라는 말이 거의 무의미해요. 어떤 현상이 일시적으로 번졌다가 썰물처럼 빠져나가는 일은 보기 드물지요. 다른 무엇보다 유행에 가장 민감하다는 옷차림의 경우도 예외가 아닙니다. 길거리에 나가면 사람들의 옷차림이 그야말로 천차만별이에요. 반소매 티셔츠에서부터 한겨울에나 입는 두꺼운 외투차림까지 온갖 옷차림의 사람들이 지나다닙니다. 길에 다니는 탈것들도 도무지 유행을 타는 것 같지 않아요. 십 년 전이나 지금이나 크게 다르지 않지요. 사람이 끄는 인력거가 지금도 그대로 있고, 자전거·스쿠터·오토릭샤·택시·버스 등 온갖 바퀴 달린 것들이 복잡한 길거리를 누빕니다.

물론 전에 없던 새로운 것이 나타나지 않는다는 것은 아닙니다. 몇 년 전에는 없던 새로운 모델의 자동차도 보이고, 사리 대신에 청바지와 티셔츠를 입은 신세대 여성들도 있어요. 그렇지만 이전의 것을 일시에 그리고 전면적으로 대체한다는 의미에서의 유행과는 거리가 멀어요. 우리 같으면 1년이 멀다하고 신형 차를 개발하고 사람들은 덩달아서 멀쩡한 차를 버리고 별 차이도 없는 새 모델을 타지 못해 안달이지요. 인도에는 수십 년 전에 개발된 엠베서더 승용차가 지

최근에 등장한 길거리 옷가게. 마네킹이 눈길을 끈다.

금도 여전히 다닙니다. 다만 최근에 와서 새로운 모델의 차들이 섞여 다닐 뿐이지요. 우리가 생각하는 유행의 개념과는 확실히 달라요. 붉은색 립스틱이 일시에 검은색으로 바뀌는 것은 도저히 상상이 불가능한 일이지요.

유행(fashion)이라는 말의 일차적인 뉘앙스는 틀을 깨는 자유입니다. 우리나라에서는 가수 윤복희가 처음으로 입었다는 미니스커트 또는 몇 년 전의 배꼽티는 대단한 파격이었어요. 가슴 떨리는 새로움이라고나 할까요? 그것은 신선한 충격이었으며, 이런 충격에 묻어나는 것은 역시 틀을 깨는 자유였습니다.

그러나 요즘 우리에게 유행은 어떻습니까? 그것은 일종의 구속이며 병입니다. 주체는 없고 추종적으로 따라가기만 하는 수요자만 있기 때문이지요. 사람들은 유행이라는 옷을 입고 얼른 대중 속으로 숨어버려요. 그러고는 익명성이 주는 편안함을 즐기지요. 그러나 유행이란 으레 문득 왔다가 문득 가는 것이지요. 그렇기 때문에 이런 형태의 익명성에 의지한 편안함이라는 것도 당연히 잠깐일 수밖에 없어요. 대중 속에 숨는가 싶으면, 이미 그들은 또 다른 옷으로 갈아입고 저만큼 가고 있어요. 나의 익명성은 금방 사라지고 말지요. 그러면 다시 허겁지겁 따라갈 수밖에 없어요. 따라가기의 악순환이라고 할 수 있지요.

요즘 우리 주변에서 보는 유행이라는 것은 일종의 병이라고 해도 무방해요. 따라하지 않고는 못 견디게 만드는 편집증입니다. 그것은 남과 다른 것이 두려운 공포증이지요. 우리 사회가 유행이라는 중병을 앓게 된 근본적인 이유는, 유행이라는 말과는 전혀 어울릴 것 같지 않은 획일적인 사고방식에 있어요. 판에 박힌 저울대의 눈목으로 모든 사람을 저울질하고, 이 저울대에 맞지 않으면 낙오자로 소외되는 우리 사회의 통념이 문제지요.

3
체념과 초월의 경계

자발적인 체념만이 의미를 가집니다.
가능한 것을 포기할 때 에너지가 일어납니다.

길에서 태어나 길에서 살다가는 사람들

인도에 대한 이미지는 사람에 따라 각양각색일 수 있습니다. 인도 하면 '지천으로 널린 똥'을 마음속에 떠올리는 사람이 있는가 하면, '꼰 다리를 또 꼬고 앉은 요가 수행자'를 생각하는 사람도 있습니다. 불교를 떠올리는 사람이 있는가 하면 최근에는 '인류의 마지막 남은 최대 시장'이라는 경제적인 측면에 관심을 두는 사람도 있습니다.

그러나 대개의 사람들은 인도와 정신세계를 관련짓습니다. 인도를 정신의 나라라고 합니다. 이 강의에 온 여러분도 대개는 그런 관심 때문일 것입니다. 인도하면 명상과 초월, 요가와 신비주의를 생각합니다. 나 역시 마찬가지였습니다. 뭐가 뭔지도 잘 모르면서 아무튼 인도사상은 이 시시콜콜한 세속으로부터 한 차원 다른 의식의 세계로 나를 이끌어줄 수 있을 것 같은 막연한 느낌이 있었습니다. 내가 인도로 가게 된 까닭도 뭔가 새로운 의식의 차원을 체험해 보고 싶은 욕구 때문이었다고 할 수 있어요.

그런데 막상 인도에 가보니 전혀 딴판이었습니다. 내가 생각했던 인도가 아니었습니다. 명상과 초월은 없고 온통 체념뿐이었습니다. 그야말로 인도는 '체념뿐인 무욕의 땅'이 아닌가 하는 생각이 들었지요. 현재 인도의 인구가 10억 가량인데 이중에서 30퍼센트, 그러니까 약 3억 정도가 집 없는 사람들이라고 합니다. 이들은 길거리에서 태어나 길거리에서 살다가 길거리에서 죽는 사람들입니다. 대개 구걸로 먹고사는 사람들이지요. 외국인이 지나가면 무조건 따라붙

꼬나락의 수리야 사원 입구에 줄지어 앉아 있는 거지들.

어요. 돈을 줄 때까지 떨어지지 않습니다.

  구걸 방법도 가지가지지요. 갓난아기를 옆구리에 끼고 아기가 먹을 것이 없다는 시늉을 하며 구걸하는 엄마거지가 있는가 하면, 일부러 더러운 손으로 지나가는 사람의 옷자락을 잡고 졸졸 따라다니며 귀찮게 하는 거지도 있지요. 쟁반 위에 신상을 올려놓고 신에게 돈을 바치라고 근엄하게 종용하는 거지도 있습니다. 심지어는 부모가 아이의 팔이나 다리를 의도적으로 뒤틀어 기형으로 만들어버리는 비

인간적인 경우도 있다고 해요. 빌어먹을 바에는 확실하게 빌어먹으라는 뜻이지요. 어떤 거지는 돈을 줘도 고맙다고 안 합니다. 왜냐면 '내가 당신에게 적선할 기회를 주었으니 오히려 나에게 고맙다고 해야 한다'는 생각이 있기 때문이지요.

체념과 초월의 경계

마드라스에 살면서 거지들에게 많이 시달렸지요. 원래 우유부단한 성격이라 매몰차게 뿌리치지도 못하고, 그렇다고 그 많은 거지들의 요구를 일일이 들어줄 수도 없고, 참으로 난감한 때가 많았습니다. 고민도 많이 했지요. 설사 구걸에 응하여 돈을 준다 해도 기분이 개운치 않았습니다. 내가 무슨 자비라도 베푸는 듯이 돈을 준다는 게 탐탁지 않았던 것이지요. 차이가 있다면 다만 저들은 마드라스의 길거리에서 태어났고 나는 한국에서 태어났다는 것뿐이잖아요?

그러던 중 이상한 거지 하나를 보게 되었습니다. 기숙사에서 해안도로를 따라 학교로 가는 길에 하루 종일 하늘만 쳐다보는 거지가 있었습니다. 두 손을 내밀고 서 있지만, 지나가는 행인들에게는 전혀 관심이 없었지요. 돈을 달라고 하지도 않을 뿐 아니라 돈을 주어도 전혀 반응이 없었습니다.

처음에는 구걸을 위한 계산된 위장이려니 생각했습니다. 요샛말로 거지치고는 '벤처 거지'라고 여긴 거지요. 거지가 구걸은 하지 않고 가만히 서 있다는 것은 대단한 '모험'이라 하지 않을 수 없지요.

그러다가는 굶어 죽을 수도 있잖아요? 그런데 횔덜린의 말처럼 "위험이 있는 곳에 구원도 따라 자란다"고나 할까, 가만히 지켜보니 이 모험적인 거지의 수입은 다른 거지들에 비하여 훨씬 나아 보였어요. 나도 호기심에서 돈을 줘보기도 하고 말도 걸어보았지만, 반응이 없기는 마찬가지였습니다.

한 일 년쯤 지나자 이 거지에 대한 내 생각이 달라지기 시작했습니다. 그는 '벤처 거지'가 아닐 수도 있다는 겁니다. 두 손을 내밀고 하늘만 쳐다보는 것이 구걸을 위한 쇼맨십이 아닐 수도 있다는 것입니다. 아예 구걸을 체념한 게 아닌가 하는 생각이 들기도 하고, 때로는 겉모습은 저렇게 하고 있어도 저 거지야말로 시시콜콜한 세속의 집착을 버린 성자가 아닌가 하는 생각도 들었습니다. 체념이 곧 초월이 아닌가 하는 생각도 들었지요. 내가 그 거지에게서 언뜻언뜻 초월의 모습을 느끼는 것은 바로 그의 체념한 듯한 겉모습과 관련을 지니는 게 분명하잖아요? 체념과 초월 사이에 경계가 있는가 하는 의심이 일어났습니다. 체념이 초월 같고 초월이 체념 같았지요.

여러분 중에 한 번쯤 체념 안 해 본 사람은 없겠지요? 의식하든 않든 여러분 나이 정도면 누구나 체념해 본 경험이 있을 겁니다. 물론 체념의 순간을 지켜본 사람은 드물 겁니다. 사실 중요한 건 그건데. 내 마음에 어떤 감정 혹은 상태가 일어났을 때 가만히 지켜보는 것, 그게 명상입니다. 명상은 거창한 게 아니지요. 내 마음의 변화를, 일렁거림을 가만히 지켜보는 것, 그게 명상이지요. 어떤 감정이 일어날 때 그걸 따라가는 것이 아니라 가만히 지켜보는 것입니다. 그 순간에

아침 뿌자를 드리기 전 몸단장하고 있는 수행자.

놀라운 에너지가 일어납니다. 기쁜 감정이든 슬픈 감정이든, 심지어 노여움도 마찬가지예요. 분노가 일어날 때 억지웃음을 지을 필요는 없어요. 억지웃음은 추해요. 잠시 그 노여움을 지켜보기만 하면 됩니다. 그러면 모든 게 해결돼요. 우리의 감정은 잡아 두는 순간, 에너지로 변합니다.

　체념의 순간을 지켜본 적이 있습니까? 내가 체념할 때, 나의 마음을 지켜본 적이 있어요? 체념의 순간에 언뜻 편안함이 있습니다. 체념이란 분명히 내가 바라는 게 아닌데, 그런데도 체념하고 나면 오히려 속이 후련해지는 경험을 해본 적이 있을 것입니다. 견딜 수 없는 것은 희망이 바닥을 드러냈을 때가 아닙니다. 희망이 아주 희미하게

체념과 초월의 경계　73

라도 남아 있는 것처럼 보일 때, 그래서 그 미미한 가능성을 포기 못하고 기대를 걸었다가 번번이 배반당하는 과정을 되풀이할 때, 그때 실로 견디기 어려운 고통이 있어요. 차라리 포기하고 체념해버리면 편안해지는 것을 느낄 수 있습니다.

아마 여러분도 이런 경험이 있을 겁니다. 체념했을 때 도리어 편안해지는 그런 경험 없어요? 어릴 적에 한 번쯤 매 안 맞아 본 사람 없지요? 매를 맞기 전에는 어때요? 불안하잖아요? 몇 대를 맞을지, 또 얼마나 세게 맞을지 불안하고 초조하고 겁이 나요. 그러다가도 문득 '설마 매 몇 대 맞는다고 죽기야 하겠는가' 하고 생각하면 마음이 편안해지는 것을 느낄 수 있습니다. 이것도 일종의 체념에서 오는 편안함이라 할 수 있어요. 기적이라도 일어나서 매를 맞지 않았으면 좋겠다고 생각한다거나, 맞아도 좀 덜 아프게 맞았으면 좋겠다는 기대를 지니고 있을 때는 두렵고 고통스럽지만, 일단 이런 기대를 포기하고 일어날 수 있는 최악의 경우를 생각해버리면 오히려 편안해지는 것을 느낄 수 있습니다. 요즘에는 선생님이 매를 들면 아이들이 휴대폰으로 경찰에 신고해버린다니까 이런 초월을 경험할 기회도 없겠지만요.

이와 같이 체념은 분명히 편안함을 동반하며, 이런 점에서 그것은 초월이라 할 수 있습니다. 체념을 통하여 우리는 갈등상황과 고민을 뛰어넘습니다. 내가 마드라스의 그 거지에게서 느낀 것도 마찬가지입니다. 구걸을 위하여 각다귀처럼 달라붙지도 않고, 돈을 얻고 못 얻는 결과에 따라 일희일비하지 않는 모습이 편안하게 보였고, 나아가 초월의 성자가 아닌가 하는 생각이 들었던 겁니다. 물론 그가 초월의 성자였는지 아닌지는 지금도 알 수 없습니다.

가능한 것에 대한 포기

그러나 모든 체념이 다 의미 있는 초월로 통할 리는 없습니다. 만일 모든 체념이 초월이라면, 요가도 필요 없고 명상도 필요 없을 것입니다. 그냥 길거리에 퍼질러 앉아 있으면 누구나 초월의 성자가 될 수 있어야 할 것입니다. 현실적으로 볼 때, 그야말로 구걸 외에는 아무것도 할 수 없는 거지들도 많지요. 이들은 그것이 여의치 않으면 속절없이 체념할 수밖에 없습니다. 속절없는 체념은 편안함도 초월도 아닙니다. 그냥 체념일 뿐입니다.

체념이 의미 있으려면 우선 가능한 것에 대한 체념이어야 합니다. 다시 말해서 자발적인 체념만이 의미를 지닙니다. 그걸 할 수도 있고 하지 않을 수도 있는데 포기하는 것, 그게 체념입니다. 언젠가 신문에서 본 이야기입니다. 미국에서 있었던 일인데, 여자 태권도 올림픽 출전자를 뽑는 시합이 있었지요. 이때 재미동포 출신 여자 선수가 결승전에서 부상당한 자기 동료와의 시합을 기권한 적이 있습니다. 평소의 실력으로 볼 때 자신보다는 부상당한 동료가 올림픽에 가는 게 바람직하다고 생각했기 때문입니다. 그게 바로 포기지요. 의미 있는 체념이라 할 수 있습니다.

그러나 석녀(石女)가 "나는 아이 낳는 것 포기했다"고 말하는 것은 전혀 의미가 없습니다. 석녀가 아이 낳는 것은 아예 가능성이 막혀 있기 때문입니다. 가능성이 없으면 욕망이 일어날 리가 없고, 일어나지 않은 욕망에 대한 체념 혹은 포기라는 것은 한마디로 웃기는 일입니다.

우선 가능성이 있어야, 그래야 욕망이 일어나기 때문입니다. 흔히 우리는 시도 때도 없이 일어나는 게 욕망이라 생각하기 쉽지만, 사실은 그렇지 않습니다. 욕망이라는 건 그냥 일어나는 게 아니거든요. 가능성이 있을 때 일어납니다. 아예 가능성이 없으면 기대하는 마음도 전혀 일어나지 않아요. 가능성이 없으면 아무런 욕망도 일어나지 않는다는 것입니다. 이것은 마치 정말 외로운 사람은 외로움을 느끼지 않는 것과 같아요. 외로움을 느낀다는 것은 함께해 줄 사람이 있는데 지금 그렇지 않을 때, 누군가가 와 줄 사람이 있는데 오지 않을 때, 그때 느끼는 감정입니다. 참으로 '올 이도 갈 이도 없는'(날 찾아올 사람도 내가 찾아갈 사람도 없는) 사람은 오히려 외로움을 느끼지 않습니다. 외로움은 '부재'(不在)를 통하여 '존재'(存在)를 인식하는 것이기 때문이지요. 사랑이란 것도 바로 바로 이런 감정이라 할 수 있습니다. 사랑은 되레 이별을 통하여 진하게 느끼잖아요?

가능한 것을 포기할 때, 에너지가 일어납니다. 아예 돈을 벌 수 있는 가능성이 없는 사람이 돈 버는 것을 포기하는 것은 그가 무기력하다는 증거일 뿐, 그 이상의 아무런 의미도 없습니다. 육교 위에서 구걸하는 거지의 무소유와 법정 스님의 무소유는 전혀 다른 차원이지요. 거지가 끼니를 거르는 것이나 수행자가 단식을 하는 것은, 겉으

까주라호 사원 외벽에 묘사된 남녀교합상. 욕망은 원초적인 삶의 에너지다.

로 보면 차이가 없지만 전혀 다릅니다. 하나는 불가능한 것에 대한 체념이라면, 다른 하나는 가능한 것에 대한 체념입니다. 다시 한번 강조하지만, 체념이 의미 있으려면 우선 가능한 것에 대한 체념이어야 한다는 것입니다.

물리학에서 이야기되는 '에너지 불변의 법칙'은 우리의 마음 세계에서도 그대로 적용됩니다. 우리의 욕망 가운데 어느 한 구석이 포기될 때, 포기되지 않은 다른 구석이 강해집니다. 욕망은 우리의 삶을 가능하게 하는 원초적인 에너지라 할 수 있지요. 사람이 몸을 가지고 산다는 것의 의미도 여기에 있습니다. 문제는 일어난 욕망, 즉 에너지를 어떻게 갈무리할 것인가, 어떤 방향으로 흐르게 할 것인가 하는 것입니다. 이에 따라서 욕망은 사람을 죽이기도 하고 살리기도 하거든요.

모든 감정이 그래요. 정신적인 것이든 육체적인 것이든 욕망은 어떤 대상을 향하여 일어납니다. 이미 말했듯이 욕망은 그냥 일어나는 게 아니라 적어도 그 대상이 실현 가능성 안에 있을 때 일어납니다. 그게 실현되면 당연히 만족을 느끼고 기쁨을 느끼지만, 그게 꺾이면 화가 나요. 분노합니다.

예를 들어 어린아이가 아빠랑 장난감 가게 앞을 지나간다고 합시다. 마음에 드는 자동차를 봤을 때, 아빠에게 그걸 사달라고 졸라요. 아이가 아빠에게 조른다는 것은 적어도 아이의 판단으로 볼 때, 아빠가 그걸 사 줄 수도 있다고 생각하기 때문이잖아요? 이때 아빠가 그걸 사주면 좋아라 합니다. 반대로 그걸 사주지 않으면 대개는 떼를 쓰고 울어요. 화가 난다 이겁니다.

일어난 욕망의 결과는 결국 기쁨이냐 또는 열 받는 거냐, 이 두 가지 중에 하나라 할 수 있습니다. 길게 보면 기쁨이나 노여움은 욕망의 결과라기보다는 연속입니다. 문제는 기쁨이나 노여움이 일어났을 때, 그때 어떻게 할 거냐 하는 겁니다. 이때 포기가 필요합니다. 체념이 필요해요. 여기서 체념이라는 것, 혹은 포기라는 것은 일어난 감정을 잡아둔다는 것입니다. 일어난 감정을 잡아둘 때, 증폭된 에너지가 일어나요. 예를 들어 생각해 봅시다. 내가 어떤 사람에게 남모르는 선행을 했을 때, 그 일을 두고 동네방네 떠들고 다닌다면 어떻겠어요? 일시적으로는 우쭐해질 수 있겠지만 뒤끝은 허전할 겁니다. 허전하다는 것은 에너지가 한꺼번에 빠져나가버렸다는 것입니다. 기쁨은 가슴속에 묻어둘 때, 더합니다. 기쁨은 내 안에 가두어둘 때, 오히려 새끼를 치고 자라나는 것입니다. 오래 잡아둘수록 기쁨은 배가합니다. 씨앗을 땅에 묻어 둔다고 그게 어디 갑니까? 때가 되면 싹을 틔우고 더 많은 열매를 맺는 것처럼, 감정을 잡아 갈무리할 줄 알아야 합니다.

노여움도 마찬가지입니다. 분노는 대단한 에너지를 발산합니다. 화가 날 때, 흔히 '열 받는다' 그렇잖아요? 열이 나는 것을 스스로 느낄 정도로 대단한 에너지가 일어난다는 이야기입니다. 그것을 부정할 필요는 없어요. 다만 일어난 노여움을 잠시, 아주 잠시 동안만 잡아둘 필요가 있습니다. 잡아둔다는 건 '지켜본다'는 것입니다. 간단하잖아요? 웃을 필요도 없어요. 열 받는데 웃는다는 건 추할 뿐입니다. 일어난 감정에 솔직할 필요가 있습니다. 물론 그걸 어떻게 해소할 것인가 하는 것은 그 다음 문제라 할 수 있지요. 화가 나거든 그 감정을 따라가지 말고 잠시 잡아둬요. 그리고 그걸 지켜보는 겁니다. 잠시만 잡아 두면 노여움은 전혀 다른 에너지로 변하는 것을 느낄 수 있습니다.

일어난 감정을 잡아 두었을 때, 그 뒤끝을 살필 필요가 있습니다. 가능한 것에 대한 체념이 모두 의미 있는 체념은 아닐 수도 있기 때

자이나교도들의 명상에 사용된 스와스띠까 얀뜨라(swastika yantra).
우주를 나타내는 성스러운 도형이다.

문입니다. 감정을 잡아둔 데 대한 애프터서비스라고나 할까요. 그래야 자신이 그 감정에 솔직했는가를 알 수 있습니다. 그래야 자발적인 체념이었는가를 알 수 있어요. 그 뒤끝에 후회가 있다면, 십중팔구는 자신을 속인 겁니다. 자발적으로 포기한 게 아니라 마지못해 한 체념일 수도 있어요. 아무튼 후회가 따르는 체념은 초월이 아니라 단지 일시적인 도피라 할 수 있습니다. 도피는 도피일 뿐이지요. 문제의 해결은 아닙니다.

흔히 욕망의 대상이 되는 부(富)라는 것도 마찬가지 맥락에서 이해할 수 있습니다. 힌두교에서는 돈을 벌고 경제적인 기반을 다지는 것을 매우 중요하게 생각합니다. 그러나 부 또는 돈은 그 자체로 의미를 지니는 게 아닙니다. 욕망이든 돈이든, 그건 버리기 위하여 있다고 봅니다. 포기하기 위하여 쌓고 모아요. 이것은 인도 사람들이 생각하는 이상적인 삶의 단계를 보면 더욱 분명해집니다. 불교도와는 달리 이 사람들은 세속의 삶과 출가자의 삶을 연속적인 것으로 이해할 뿐만 아니라, 세속에서 성공한 사람이라야 출가할 자격이 있다고 봅니다. 인생의 전반기에는 결혼을 하고 돈을 버는 것이 매우 중요합니다. 그러나 그것은 결국 버리기 위하여 있습니다. 때가 되면 세속에서 쌓고 모았던 모든 것을 버리고 숲으로 들어가 명상을 시작합니다. 이 문제는 다음에 다시 좀더 깊이 생각해 봅시다.

결국 버리기 위하여 있는 세속의 삶이지만, 그건 매우 중요한 의미를 지닙니다. 버리기 위해서는 우선 쌓고 모아야 합니다. 버리는 것, 포기하는 것, 체념하는 것이 매우 중요하지만, 버릴 수 있기 위해서는 우선 버릴 것이 있어야 합니다.

이런 점에서 오늘날 우리가 보는 인도 사람들의 체념은 거의가 무의미한 체념이라 해도 무방합니다. 가능한 것에 대한 체념이 아닙니다. 아예 체념할 것조차도 없는 사람들의 절망입니다. 세계 역사를 통하여 인도 사람들만큼 물질에 대한 초월을 강조하는 사람들은 없다고 하겠지만, 오늘날 인도 사람들만큼 물질에 집착하는 사람들도 없습니다. 아이러니가 아닐 수 없습니다. 자신들의 고유한 전통인 요가나 명상에 관심을 지닌 인도인들은 오히려 드뭅니다. 체념할 것조차도 없는 사람들에게는 명상이나 요가가 아무런 의미도 없습니다. 오직 버릴 것이 있는 사람들, 포기하고 체념할 것이 있는 사람들에게 요가와 명상이 의미를 지닙니다.

오늘날 우리가 누리는 물질의 풍요는 결코 부정적인 것만은 아닙니다. 보다 고차적인 정신세계를 위한 발판이 될 수도 있습니다. 기회일 수도 있다는 것입니다. 물론 인류 역사를 통해 볼 때, 물질의 풍요가 반드시 정신의 풍요로 이어지는 건 아니었습니다. 오히려 그 반대인 경우가 많은 게 우리의 현실입니다. 지극히 정상적이던 사람도 돈이 많아지면 갑자기 이상해지곤 합니다. 몸의 욕구에 탐닉할 가능성이 높아요. 그렇지만 먹고 사는 문제가 발목을 잡는 한 고도의 정신세계를 추구할 가능성 또한 희박합니다. 이렇게 볼 때 물질의 풍요는 새로운 의식 차원의 실현을 위하여 꼭 필요한 것이지만, 그걸로 충분하지는 않다고 볼 수 있어요. 다시 말해서, 물질의 풍요는 정신적인 풍요를 위한 필요충분조건은 아니지만, 필요조건이라는 것은 분명합니다.

지금 인도 사람들은 인도 고유의 수행전통에 큰 관심이 없어요. 내가 처음 마드라스 대학에 입학했을 때, 주변 학생들의 반응이 어땠는지 알아요? 코리아라는 나라가 아시아에서도 제법 잘나가는 나라로 알고 있는데, 뭐 하러 인도까지 와서 인도사상 공부한다고 죽치고 앉았느냐, 그런 태도였어요. 근세 이후 인도사상에 관심을 가지기 시작한 사람들은 오히려 서양 사람들이었습니다. 얼마 전까지만 해도 이른바 정신의 나라라고 하는 인도에 오는 사람들이 대부분 서양 사람들이었습니다. 라즈니쉬 제자들도 그랬고, 끄리슈나무르띠 제자들도 그랬습니다. 인도 사람들이나 동양 사람들보다는 서양 사람들이 압도적으로 많았어요. 그러다가 요즘에는 인도 곳곳에서 마주치는 게 일본 사람이고 한국 사람입니다. 아무튼 긍정적인 현상이라고 봅니다.

라즈니쉬가 이런 말을 한 적이 있어요. "예수의 제자들은 거지였지만, 나의 제자들은 부자다." 이 말을 놓고 이러쿵저러쿵 말도 많았지만, 곰곰이 생각해 볼 가치가 있는 말입니다. 어떤 형태로든 물질이 줄 수 있는 가치의 한계를 체험한 사람만이 정신세계를 갈망한다, 인도로 온다, 그런 말입니다. 요기(yogi)가 거지 되는 것은 쉽지만, 거지가 요기 되는 것은 낙타가 바늘구멍 빠져나가기보다 어려운지도 모릅니다. 이건 내 말입니다.

더 알고 싶은 인도

뉴델리에서는 술집을 보기 어렵던데요?

내가 마드라스 대학에서 공부할 때만 해도 길에서 우리나라 사람을 보는 일이 참 드물었습니다. 가끔 부두 부근에서 우리나라 선원들을 만나면 무척 반가웠지요. 같은 말을 쓴다는 한 가지 이유만으로도 밤새워 이야기할 수 있었어요.

그런데 이분들이 나를 만나서 가장 먼저 묻는 질문이 뭐냐 하면,

"어디 가야 술을 마실 수 있느냐?"였어요. 마드라스는 우리나라로 치면 부산쯤 되는, 남인도를 대표하는 항구인데 아무리 둘러봐도 술집이 안 보인다는 거예요. 어느 나라든 항구에는 먹고 마시는 문화가 성하잖아요? 오랜만에 뭍에 내려왔건만 술이 안 보이니 무척 섭섭했겠지요. 사실 인도의 다른 어느 도시에서도 술집을 찾기는 어려워요. 고대 인도사회에서는 어느 나라, 어느 문화권보다도 술하고 친했지만 어쩌다 보니 인도 사람들은 술하고 원수가 되어버렸습니다.

인도 고대신화를 보면 원래 술은 속세의 음료가 아니었어요. 술을 소마(soma)라고 불렀는데, 시장바닥이나 어둠침침한 술집에서 마시는 속된 것이 아니라 거룩한 신(deva)의 음료였지요. 그렇다면 신들은 왜 소마를 마셨을까요? 불멸을 얻기 위해서였습니다. 베다의 신들에게는 출생도 있고 죽음도 있지만, 소마를 마시면 불멸을 이룬다는 겁니다. 예를 들어 인드라는 대단한 애주가였지요. 한 연못의 소마를 단숨에 마십니다. 마찬가지로 인간도 소마를 마시면 불멸을 얻을 수 있다고 믿었어요. 마침내 소마는 신격화되었고, 소마제(祭)가 고대 힌두교 제의식 가운데 가장 중요한 것으로 자리매김했지요. 소마 풀을 채집하여 즙을 짜내고 채로 걸러 신에게 바친 다음, 제사에 참여한 사람들이 함께 나누어 마시는 행위는 힌두교 제의식의 핵심이었다고 합니다.

소마가 신성한 것으로 받아들여지고 신격화된 까닭은, 그것이 지니는 일상성에 대한 파괴력 때문이었습니다. 자유는 언제나 일상성을 깨는 일탈 속에 있거든요. 그러니 또한 위험하지요. 술은 사람의 마음을 고무시키고 일상적인 능력 밖에 있는 일들을 행하도록 부추기잖아요? 일상을 깨고 일탈로 나아가게 하는 통로가 된다는 점에서, 소마는 유한한 인간이 초월을 실현하는 강력한 매개수단으로 받아들여졌습니다. 어느 사회에서든 신과의 만남을 전제하는 제의식에 늘 술이 등장하는 것은 이런 이유 때문이지요.

요즘 우리는 대개 종교와 무관하게 술을 마십니다. 뿐만 아니라 술을 종교와 정면 대치되는 것으로 받아들이기도 해요. 불교나 기독교처럼 종교에서 근본적으로 음주를 금하는 경우가 많지요. 가톨릭 미사 또는 우리 전통 제례에서 약간의 술을 볼 수 있지만, 알다시피 취하자고 마시는 술이 아닙니다. 제사를 지내고 난 뒤 음복(飮福)으로 마시는 술이나 미사에서 마시는 포도주는 단지 상징적인 행위일 뿐, 통상적인 의미에서 술을 마시는 것과는 다르지요.

이제 우리 사회에서 음주는 철저하게 속(俗)의 영역으로 들어왔다 해도 무방해요. 술에 취한다는 것은 속의 영역에서도 가장 밑바닥이에요. 술 마시는 것을 창조적이고 건설적인 장면으로 보는 사람이 있나요? 술이 우리의 삶에 긍정적인 의미를 지니는 것은 단지 취하지 않을 정도의 음주뿐입니다. 취하도록 마시는 술은 이미 '약주'가 아니라고 보지요. 음주는 지탄의 대상이고 심지어는 단속의 대상이기도 합니다. 그런데도 사람들은 여전히 술을 마셔요. 술에 취하고 싶어 안달입니다.

사실 취하자고 마시는 술은 그것이 종교적이든 그렇지 않든 그 동기가 같아요. 고대 인도인들이 소마를 마시든 요즘 우리가 소주를 마

체념과 초월의 경계 85

시든, 결국 일상성을 깨고 싶은 욕구 때문입니다. 일상에서 일탈로 달아나자는 생각에서 술을 마셔요. 그러고 보니 소마나 소주나 모두 '소' 자 돌림이네요. 술이 원수라고 말하면서도 마시고 또 마시는 것은 일상적인 의식의 흐름에서 벗어나고픈 잠재욕구 때문입니다. 일상과 일탈의 차이가 무엇이냐? 시공간의 무게가 느껴지느냐 아니냐의 차이이지요. 술에 취하여 필름이 끊어질 때, 시시각각으로 내리누르던 시공간의 무게가 사라집니다. 좀 거창하게 말하자면 무한을 체험한다 이거지요.

밤새 술에 취하고 아침에 일어나서 후회하고 그러면서도 이런 과정의 반복을 마다하지 않는 것은, 술이 주는 무한의 느낌 때문입니다. 필름이 끊기는 순간 무시간 무공간의 황홀한 체험을 하지요. 필름이 끊어지는 상태까지는 아니라도 일단 술에 취하면 평소 마음속에 꽁하니 지니고 있던 말도 스스럼없이 나오고 허풍도 떨고 온 세상이 모두 내 것인 것처럼 느껴지잖아요? 꾀죄죄하던 내가 고무풍선처럼 부풀어 태산만해집니다. 시공간이 사라지고, 무한 확장이 있어요. 술꾼들이 황홀과 허무의 양극단을 오가면서도 그 악순환을 멈추지 못하는 것은 바로 이런 이유 때문입니다.

이 점에서 술은 섹스와 통해요. 욕망의 일렁임, 두 육체의 교합, 그 끄트머리에 한순간 일었다 스러지는 절정, 환희, 그리고 허무가 있어요. 그러나 또다시 집착합니다. 섹스는 집착, 절정, 허무의 반복입니다. 이런 반복을 마다하지 않는 것은, 비록 몇 초 되지 않는 짧은 순간이라 할지라도 일상적인 삶 속에서는 체험할 수 없는 무한을 체험하

술을 파는 가게. 고대 인도사회는 어느 문화권보다 술과 친했지만, 지금은 인도의 어느 도시에서도 술집을 찾기가 어렵다.

기 때문이겠지요.

섹스를 통해서도 술을 통해 섬광처럼 열렸다 다시 닫히는 영원의 틈새를 슬쩍 볼 수 있습니다. 대개는 아득한 순간에 언뜻 문이 열리고는 이내 닫히고 말지요. 문이 열리는 순간 나를 잃어버리기 때문입니다. 문이 열렸다 닫힌 것은 알겠는데, 어떻게 어떤 경로로 열렸다 닫히는지 그 과정을 알 수 없어요. 가는 길도 모르고 돌아오는 길도 몰라요. 열리는 순간을 지켜볼 수 있어야 하는데, 대개는 그 순간에 기절해버리지요. 수행이란 결국 이와 같은 절체절명의 순간에 깨어서 지켜보기 위한 것입니다. 그러나 무한의 틈새를 본 찰나의 경험

체념과 초월의 경계 87

은 또 다시 집착하게 만들어요. 술이, 저 여자가 나를 무한으로 통하는 문 앞으로 데려다주었다는 것은 알잖아요? 그러니 또 그 대상에 집착하게 되는 겁니다. 집착, 절정, 허무의 반복이지요.

소마를 마시던 사람들과 소주를 마시는 사람들 사이에는 분명한 차이가 있어요. 적어도 겉으로 보기에 그래요. 소마를 마시던 사람들은 일정한 절차와 방식에 따라 가장 경건하고 신성한 제의식을 통하여 마셨어요. 그런데 요즘 우리는 시도 때도 없이 아무데서나 술을 마셔요. 그들은 목욕재계를 하고 청결한 몸과 마음으로 소마를 마셨지만, 우리는 대개 몸과 마음이 피곤에 찌든 상태에서 술을 마십니다. 목욕재계하고 경건하게 술을 마시던 인도 사람들도 결국은 술과 원수가 되었잖아요?

자유는 항상 일탈 속에 있지만, 일탈은 늘 위험합니다. 정신 바짝 차리지 않으면 그 문을 여는 순간 죽음이 다가옵니다. 폐인이 된다는 말이지요. 위험한 순간이란 항상 그렇습니다. 초인이냐 폐인이냐의 기로에 서는 순간이에요. 하지만 위험하다는 말이 피하라는 뜻은 아닙니다. 조심하라는 말입니다. 위험이 있는 곳엔 구원도 따라 자라니까요.

4
업과 윤회 그리고 운명

업설과 윤회설은 숙명론이 아닙니다.
업의 자기책임성을 강조하는 이면에는
업의 초월가능성을 열어놓고 있습니다.

잊어야 잃어버리지 않는다

　지난 시간에는 체념과 초월에 대해서 생각해 보았습니다. 여러분 중에 '체념'이라는 말을 사전에서 찾아본 사람 있어요? 없어요? 지난 시간에 내가 여러분에게 말한 체념의 의미는 아마 여러분이 지금까지 일반적으로 아는 그런 의미가 아닐 겁니다. 대개는 이 말에 대해 부정적인 이미지를 가지고 있잖아요? 그런데 나는 여러분에게 이 말이 지니는 긍정적인 의미를 이야기했습니다. 체념이라 하면 어둡고 칙칙하고 축 늘어진 것을 생각하게 마련인데, 인도 사람들의 사고방식에 따르면 체념이야말로 초월로 통할 수 있는 문이 될 수 있다는 겁니다. 사실 사전에서도 체념이 지니는 이런 의미를 찾아볼 수 있어요. 우리말 사전에 보면 '체념'이라는 말의 의미 중 첫 번째가 '도리를 깨닫는 마음'이고 두 번째가 '아주 단념함'이라고 되어 있습니다. 체념이라는 말이 부정적인 의미의 단념이기도 하지만, 또한 도리를 깨닫는 마음이라는 것입니다.

　물론 '단념'이 있는 그대로 '도리를 깨닫는 마음'이 되지는 않습니다. 이건 지난 시간에도 누누이 강조한 내용입니다. 세속의 삶이라는 것이 결국에는 포기하고 버리기 위해서 있는 건 분명하지만, 그렇다고 해서 버리고 포기하는 것이 목적이 되어서는 곤란합니다. 그래 가지고는 단념이 도리를 깨닫는 마음으로 바뀔 수가 없어요. 포기 그 너머의 결과를 생각하면 곤란해요. 참된 의미의 체념이 될 수 없습니다. 포기 그 너머의 결과를 생각하게 되면, 포기 이전의 '지금 여기'

에 충실할 수 없습니다. 지금 여기라는 칼날 위에서 발을 내리면, 삶은 온통 지저분한 쓰레기뿐인지도 모릅니다.

목적은 사람을 구속해요. 기대는 나를 구속합니다. 기대가 있으면 마음은 긴장하게 마련이고, 긴장된 마음은 나를 속박합니다. 목적은 시공간을 전제로 합니다. 미래로 이어진 어떤 것이라 할 수 있지요. 알다시피 우리에게 시공간은 본질적으로 유한성, 다시 말해 속박을 의미합니다. 추억을 먹고 사는 사람이 자신을 과거에 가두는 것처럼, 꿈을 먹고 사는 사람은 미래에 자신을 가둡니다.

역설적이게도 우리가 참으로 희구하는 것은 그것을 잊어버릴 때 그 모습을 드러냅니다. 수행자는 해탈을 추구하지만, 해탈을 잊어야 해탈을 얻을 수 있습니다. 이건 역설이지요. 어떤 행위든, 우선 그 너머의 결과를 잊을 필요가 있습니다. 목적을 잊어버리라는 것입니다. 여기서 중요한 것은 목적을 '잊어버린다는 것'이 목적을 '잃어버리는 것'은 아니라는 점입니다. 목적을 잊어버려도 잃어버리지는 말라는 것입니다. 물론 쉬운 일이 아닙니다. 우리는 흔히 잊어버리는 순간에 잃어버려요. 이게 우리 보통 사람들의 맹점이지요.

예를 들어 어떤 춤꾼이 있다고 합시다. 처음에는 춤을 배우기 위해서 동작 하나하나를 외우고 익혀야 하지만, 익숙해지면 차츰 춤 동작 하나하나를 생각하면서 춤을 추지 않습니다. 차츰 춤을 잊어버리잖아요? 무대 위에서 자신의 춤사위를 완전히 잊어버리게 될 때, 그는 자신이 희구하는 달인의 경지에 들 수 있습니다. 그러나 춤의 달인은 결코 춤을 잃어버리지 않습니다. 잊어버리되 잃어버리지 않는다는

인도의 전통무용 바라따나띠얌(Bharatanatyam).

건 이런 의미라 할 수 있습니다.

여기서 또한 분명한 것은 춤을 배우는 초심자가 '나는 춤사위를 잊기 위해 배운다'고 생각하지 않는다는 겁니다. 그래가지고는 춤을 배울 수가 없어요. 춤을 배울 때는 절대로 잊어버리지 않기 위하여 배우는 것처럼 익혀야 합니다. 그러지 않으면 경지에 도달하기 어려워요. 어떤 행위든 그 너머의 결과를 생각하면 의미를 상실합니다.

오늘 아침에는 업과 윤회에 대해서 생각해 볼까 합니다. 업과 윤회는 인도사상의 두 기둥입니다. 이 두 개념은 인도의 모든 종교와 사상을 하나로 묶는 공통분모라 할 수 있어요. 불교가 넓은 의미의 인도종교에 포함될 수 있는 근거도 여기에 있습니다. 업과 윤회를 중심 교의로 받아들이고 있다는 점에서 불교는 인도종교에 속합니다. 물론 불교는 무아설(無我說)을 전제로 무아윤회(無我輪廻)를 주장하고, 이에 비하여 힌두교는 유아윤회(有我輪廻)를 주장한다는 차이는 있지만, 아무튼 업과 윤회를 믿는다는 점은 같습니다.

업과 윤회는 하나의 믿음이 지니는 두 측면이라 할 수 있지요. 마치 동전의 양면처럼, 이 둘은 불가분의 관계를 지닙니다. 업은 윤회로 설명될 수 있고, 윤회는 업에 대한 믿음을 전제로 이해될 수 있습니다. 업의 다른 말이 윤회라면, 윤회의 다른 말은 업입니다.

까르마의 법칙

우선 업이라는 말에 대해 알아봅시다. 흔히 업보(業報)라고도 하지요. 긍정적인 의미보다는 부정적이고 어두운 뉘앙스를 주는 말입니다. 무시무시한 느낌이 들기도 합니다. 인도의 고대 경전 언어인 범어로 업은 까르마(karma)라고 합니다. 까르마는 '행위'라는 말이지만, 우리가 윤회와 관련하여 생각할 때에는 대개 '행위의 잠재력'이라는 의미로 받아들이면 됩니다. 어떤 행위를 했을 때, 그것은 반드시 이에 상응하는 결과를 나타내는 잠재력 혹은 여력을 남기게 되는데, 이 힘을 업 혹은 업력(業力)이라고 합니다. 여기서 행위란 반드시 우리가 신체(身)를 움직여서 하는 행위뿐만 아니라, 말(口)로 하는 행위와 뜻(意)으로 하는 행위 모두를 포함합니다.

업설을 이해하는 데 가장 중요한 것은 업의 필연성이라고 할 수 있습니다. 어떤 행위든 그냥 사라지지 않습니다. 반드시 그에 따르는 결과를 나타내고야 맙니다. 이것을 '까르마의 법칙'이라고 합니다. 까르마의 법칙은 말하자면 윤리 세계에 적용되는 '에너지 불변의 법칙'이라 할 수 있습니다. 물리학에서 에너지는 다만 형태가 바뀔 뿐 그 총량에는 변화가 없다고 합니다. 까르마의 법칙도 이와 마찬가지로 적용됩니다. 선한 원인이 있으면 선한 결과가 있게 마련이고, 나쁜 원인이 있으면 나쁜 결과가 나타나게 마련이라는 것입니다. 자업자득이라는 말도 업의 필연성과 관련됩니다. 뿌린 대로 거둔다는 겁니다.

그러면, 생각해 봅시다. 내 자신의 삶이든 우리 주변 사람들의 삶이든 살펴보면, 착하게 사는 사람이 꼭 좋은 결과만 받는 것 같아요? 반드시 그렇지는 않지요? 때로는 착한 사람이 바보 되고 비참해지는 것 얼마든지 보잖아요? 어떤 사람은 누가 보아도 악질이지만, 잘 먹고 잘 살잖아요? 뿌린 대로 거둔다는 말이 영 맞지 않은 것 같을 수도 있습니다.

그러나 그렇지 않습니다. 창문에다 대고 돌을 던지면 금방 쨍하고 유리가 깨지는 것처럼 원인에 대한 결과가 너무나 선명하고 즉각적으로 나타나는 경우(同時因果)도 있지만, 십 년 전에 어떤 사람에게 선행을 베푼 것이 지금에야 그 결과를 나타내는 경우처럼 그 결과가 아주 천천히 나타날 수도 있습니다〔異時因果〕.

지금 선한 사람이 행복하지 못하거나 지금 악한 사람이 불행한 결과를 맞이하지 않는 것은 '이시인과'를 토대로 설명됩니다. 비록 지금은 선한 일을 많이 한다 할지라도 전생에 지은 악업이 많기 때문에 지금 불행할 수도 있고, 지금의 선한 행위가 현생이 아니라 내생에서 그 결과를 나타낼 수도 있다는 것입니다. 악행을 일삼으면서도 불행하지 않은 것도 마찬가지로 설명될 수 있습니다.

이와 같이 까르마의 법칙은 윤회에 대한 믿음을 통해 설명될 수 있으며, 윤회에 대한 믿음은 업에 대한 믿음을 전제로 할 때만 의미를 지닙니다. 윤회와 업은 서로 불가분의 관계를 지닙니다. 업을 믿지 않는다면 윤회에 대한 믿음은 있을 수 없습니다. 그 반대도 마찬가지입니다.

인도 사람들에게 업과 윤회에 대한 믿음은 삶이 고통이라는 자각이 일어나면서 확고해지는 것을 알 수 있습니다. 낙천적이고 현세지향적이던 베다 시대의 사람들에게는 업이나 윤회에 대한 개념이 없습니다. 물론 우리의 삶이 일회적이라고 생각하지는 않아요. 죽으면 끝이라는 생각은 처음부터 찾아보기 어렵습니다. 그러면서도 내세에 대한 관심도 없으며, 다만 이 세상에서 백 살쯤 살다가 조상들이 있는 천계(天界)로 가는 것으로 생각했습니다. 천계는 매우 아름답고 행복한 곳으로 묘사되기도 하지만, 그렇다고 하여 지금 사는 세상이 불행하다고 생각하거나 천계의 행복을 선망하지도 않습니다. 여기가 즐거운 것과 마찬가지로 저세상도 즐겁다는 정도로 생각합니다.

그러다가 차츰 지옥에 대한 개념이 생겨납니다. 베다 시대에는 신에게 드리는 제사가 매우 중요하지요. 이들의 종교는 흔히 공희종교(供犧宗敎)라고 합니다. 신에게 기원하는 내용이 있을 때, 제단을 쌓고 동물을 잡아서 바치고 찬가를 낭송하는 제사를 드립니다. 물론 처음에는 신에게 바치는 공희가 선택적이었겠지만, 제사가 의무의 개념과 맞물리게 되면서 상황이 달라집니다. 누구나 죽어서 천계로 가는 것이 아니라 규정된 제사를 잘 드려야 천계로 갈 수 있다는 것입니다.

그러면, 제사를 제대로 바치지 못하는 사람들은 어떻게 되느냐 하는 의문이 생길 수밖에 없지요? 당연히 지옥에 대한 개념이 생겨납니다. 물론 인도종교에서 지옥은 끝장이 아닙니다. 그것은 언제나 연옥(煉獄), 즉 잘못된 영혼이 보다 나은 곳으로 가기 위하여 스스로를 단련하는 곳이라는 정도의 의미를 지닐 뿐입니다. 여기서 한 가지 눈여겨볼 만한 대목은, 천계에 대한 묘사가 아름답고 화려해질수록 지옥은 더욱더 끔찍하고 혹독한 곳으로 묘사된다는 것입니다. 이 점은 우리가 한 번쯤 생각해 볼 필요가 있습니다. 천계가 살만한 곳이 될수록, 지옥은 더욱더 못살 곳이 된다는 것, 의미심장하잖아요? 천국에 매달릴수록 현실은 떠나고 싶은 곳이 됩니다. 저세상에 집착한다는 것은 지금 내가 서 있는 자리가 그다지 신통치 않다는 증거입니다.

죽은 자는 어디로 가는가

우빠니샤드 시대에 들면서 업과 윤회에 대한 믿음이 구체화되고 확고해지는 것을 볼 수 있습니다. 우빠니샤드는 인도의 여러 경전들 가운데 가장 철학적인 경전으로 꼽힙니다. 기원전 800년경부터 만들어지기 시작하여, 그 후 수세기 동안 이어지는 중요한 문헌입니다. 야스퍼스(Karl T. Jaspers)가 말하는 인류정신사에서 '축의 시대'에 인도에서 만들어진 경전들이 바로 우빠니샤드입니다. 이 시대의 가장 중요한 특징은 인간의 관심이 외부세계에서 내면으로 옮겨간다는 것입니다. 타자(他者)로 만나던 신을 나의 내면에서 발견하고자 합니다. 이와 같은 경향은 한편으로 삶이 고통이라는 자각과 맞물려 있습니다.

삶이 고통이라는 자각은 당연히 '어떻게 하면 이 고통의 삶에서 벗어날 수 있을 것인가' 하는 생각으로 이어집니다. 지금 우리가 겪는 고통의 삶을 윤회라고 합니다. '인생은 고해'라고 그러지요? 그러면 윤회는 왜 있는가? 이미 말한 것처럼 윤회는 전생의 업 때문에 있습니다. 우빠니샤드에는 어떤 경로를 통하여 윤회하는가에 대한 관심이 여러 곳에 나타나 있습니다. 이러한 관심의 요점은 결국 '죽은 자'와 '다시 태어난 자' 사이의 연속성입니다. 윤회라는 것은 죽은 사람이 다시 사람으로 혹은 동물로 태어난다는 믿음 아닙니까?

윤회에 대한 믿음이 설득력을 지닐 수 있으려면, 무엇보다도 '죽은 자'와 '다시 태어나는 자' 사이의 연속성 또는 자기 동일성이 입증되어야 합니다. 그게 여의치 못하면 윤회설은 그야말로 지극히 주관적인 믿음에 지나지 않아요. 오늘날에도 많은 사람들에게 윤회가 다만 감상적인 믿음 정도로밖에 받아들여지지 않는 이유도 여기에 있어요. 예를 들어 어떤 사람이 "나는 전생에 김유신 장군이었다"고 말할 때, 김유신과 그 사람 사이의 자기동일성이 입증되지 않는다면, 다른 사람들에게 그의 주장은 다만 공염불에 지나지 않습니다.

지금도 마찬가지지만, 고대 인도사회에서 장례는 기본적으로 화장(火葬)으로 치러졌습니다. 죽은 시체를 화장하고 나면 재밖에 남지 않습니다. 그러면 죽은 자가 어떻게 어떤 경로를 통하여 다시 태어날 수 있는가? 화장으로 모든 게 끝나는 것 같잖아요? 전에 초등학교 다니던 우리 큰아이가 할머니 장례식을 보고 나서 내게 물었습니다. "아빠, 할머니가 나무 상자(棺) 속에 들어가기 전까지는 있었는데, 그리고 나서는 어디로 가는 거야?" 아마 고대 인도인들도 그렇게 물었을 겁니다. "죽은 자를 화장하고 나면 재만 남는데, 그는 어디로 갔다가 다시 오는 걸까?"

이들은 죽은 자의 영혼이 화장할 때 피어나는 연기를 타고 조상들이 머무는 세계, 즉 달(月)로 간다고 생각했습니다. 수증기로 볼 수도 있지요. 물은 고대 인도인들이 최초로 생각해낸 우주의 원질(原質)입니다. 물론 나중에는 지(地)·수(水)·화(火)·풍(風)·공(空)의 5요소로 확립되기도 하지만, 베다 시대만 해도 물이 만물의 근원이라 생각했던 흔적이 많습니다. 이런 점에서 윤회를 물의 순환과 관련지어 생각할 수도 있지요. 아무튼 죽은 자가 연기를 타고 달로 올라

간다고 보았습니다. 보름이 가까워지면서 달이 점점 차는 것은 그곳에 영혼들이 점점 많아진다는 것이며, 다시 달이 기우는 것은 그곳에 있던 영혼들이 다시 지상으로 돌아오고 있는 것이라고 생각했습니다.

어떻게 다시 돌아오는가? 빗물을 타고 내려온다고 믿었습니다. 왜 웃어요? 너무 황당합니까? 사실 그래요. 그렇지만 죽은 자와 다시 태어나는 자 사이의 연속성을 입증해 보려는 최초의 시도였다는 점에서 의미를 부여할 수 있을 것입니다. 어떤 형태로든 죽은 자가 다시 태어나는 메커니즘을 설명해 보고 싶었던 것입니다. 물론 설명은 이미 한 다리 건너 있습니다. 믿음이 먼저지요.

이와 같이 처음에는 단순히 화장시의 연기와 강우현상을 결합하여 윤회를 설명하려던 시도는 우빠니샤드의 오화설(五火說)과 이도설(二道說)에서 더욱 구체화됩니다. 오화설은 사람이 죽은 후에 다시 지상세계에 태어나는 경로를 제사의 다섯 불〔火〕과 관련하여 설명하고 있습니다. 이도설은 우리가 저 세상으로 가는 길이 두 갈래로 나누어진다는 것을 보여줍니다.

가장 오래된 우빠니샤드 중의 하나로 분류되는 『브리하드아란야까 우빠니샤드』(Bṛhādaraṇyaka Upaniṣad)에 이와 관련된 대화가 나옵니다. 먼저 쁘라바하나(Pravāhaṇa) 왕이 웃달라카 아루니(Uddaraka Aruni)의 아들 슈웨따께뚜(Svetaketu)에게 다섯 가지 질문을 합니다. 첫째, 여기 사람들이 이 세상을 떠나서 어떻게 길이 갈라지는지 아는가? 둘째, 그들이 어떻게 다시 이 세계로 돌아오는지 아는가? 셋

갠지스 강 화장터. 모든 인도인들의 어머니 갠지스 강은 생명의 젖줄인 동시에 죽음을 감싸 안고, 생명은 다시 죽음 속에 안식한다.

째, 계속해서 사람들이 죽는데 어째서 저세상은 가득 차지 않는가? 넷째, 얼마나 어떻게 공물을 드려야 물이 사람의 목소리가 되어 말을 하는지 아는가? 다섯째, 신도(神道)와 조도(祖道)로 나뉜 것을 아는가?

슈웨따께뚜는 대답할 수 없었지요. 참으로 민망한 일 아닙니까? 슈웨따께뚜는 바라문입니다. 바라문이 끄샤트리아의 질문에 대답할 수 없었던 것입니다. 그는 집으로 돌아가서 아버지에게 물어보지만 아버지 또한 이에 대하여 답을 내릴 수 없게 되자, 아버지가 직접 쁘라바하나 왕에게 가르침을 청합니다.

이에 대한 가르침이 쁘라바하나 왕의 오화설입니다. 첫째, 천계를 제화(祭火)로 하여 믿음을 바칠 때 소마(Soma) 왕이 생긴다. 둘째, 공계를 제화로 하여 믿음을 바칠 때 비가 내린다. 셋째, 지계를 제화로 하여 믿음을 바칠 때 음식물이 생긴다. 넷째, 남자를 제화로 하여 믿음을 바칠 때 정자가 생긴다. 다섯째, 여자를 제화로 믿음을 바칠 때 태아가 생겨난다.

이와 같이 쁘라바하나 왕은 윤회의 다섯 단계를 제사의 다섯 불과 관련하여 설명하고 있지만, 여기에는 선악에 대한 구분이 없습니다. 다시 말하여 업설과 관련해 볼 때, 선한 사람과 악한 사람의 가는 길이 달라야 하는데 이에 대한 언급이 없지요? 사람이 죽어서 다시 태어날 때까지의 응보가 고려되지 않고 있다는 것입니다.

이도설은 사람이 죽어서 가는 길이 그 사람의 업에 따라 조도와 신도로 나누어진다는 것을 말합니다. 오화설의 진리를 알고 숲에서 고행을 닦은 사람은 사후에 화장의 불꽃을 따라 범계(梵界)로 인도되어 다시는 돌아오지 않습니다. 블랙홀을 완전히 빠져나가버리는 거지요. 이 길이 바로 신도입니다. 이에 비하여 오화설의 진리는 몰랐지만 숲에서 고행을 닦고 선행을 한 사람은 조도를 따라 달로 갑니다. 이들은 조상들이 머무는 달에서 스스로의 공덕이 다할 때까지 머물다가 다시 지상으로 내려옵니다. 윤회하는 자들이지요. 신도나 조도로 가지 못하는 사람들은 제3의 세계로 떨어집니다.

업과 윤회의 의미

고전 육파철학(六派哲學)의 베단따(Vedānta) 학파에서는 윤회설이 보다 상세하게 나타납니다. 여기서는 우리의 몸을 조대신(粗大身, 육체), 미세신(微細身, 심체), 원인신(原因身, 육체와 심체의 토대)으로 나누고 윤회의 주체가 되는 것은 바로 심체(心體)라고 합니다. 심체는 마치 비행기의 블랙박스와 같은 것입니다. 비행기가 추락할 때 블랙박스에 사고 당시 비행기의 고도와 방향과 속도 등이 상세하게 기록되는 것처럼, 미세신은 우리의 삶 속에서 받는 온갖 잠재인상들을 낱낱이 기록합니다. 미세신은 심체라고 할 수 있지요. 사람이 죽어서 화장될 때, 조대신은 불타 없어지지만, 미세신은 그대로 남습니다. 그것은 다시 육신을 받아 지상으로 환생하는 주체가 됩니다.

우빠니샤드나 베단따 학파의 이러한 노력에도 불구하고, 윤회의 핵심이 되는 죽은 자와 다시 태어나는 자 사이의 연속성을 입증하는 것은 쉽지 않습니다. 이미 말했지만, 업설이나 윤회설은 논리적인 설명이기 전에 하나의 믿음입니다. 설명되고 이해될 수 있으면 이미 그것은 믿음이 아니라 이론이라고 할 수 있습니다.

믿음은 오히려 철저하게 비논리적으로 혹은 초이성적으로 작동합니다. 여기에 어려움이 있지요. 예를 들어 여러분, 일본에서 유행하던 옴 진리교 알지요? 나처럼 머리 길고 수염 긴 아사하라 교주도 텔레비전이나 잡지에서 보았을 것입니다. 도쿄 지하철에 사린가스를 뿌려 여러 사람을 상하게 했던 종교집단으로 많은 비난을 받은 바 있습니다. 그런데 아사하라의 제자들 중에는 일본의 최고 학부라 할 수 있는 도쿄대학 출신들도 많았다고 합니다. 그 사람들이 어디 논리적이고 합리적인 것을 몰라서 아사하라를 따랐겠어요? 누구보다도 논리적인 훈련에 익숙해 있는 사람들이지만, 그런데도 아사하라 교주를 따랐습니다. 초논리적이고 비합리적인, 그러나 거부할 수 없는 무엇인가 있었기 때문입니다.

이성적으로 설명될 수 없다 하여 무조건 부정하는 것은 옳지 않다고 봅니다. 눈에 보이지 않는다고 하여 무조건 없다고 부정할 필요도 없지요. 기억할 수 없다 하여 무조건 전생을 부정하는 것도 그래요. 여러분은 한 살 적 기억을 합니까? 어머니 뱃속에 있던 시절을 기억합니까? 기억 못하지요? 그러면 여러분들이 한 살 적에는 없었어요? 그건 아니잖아요? 물론 나는 기억할 수 없지만, 그걸 본 사람이 많기 때문에 전생의 문제와는 다르다고 주장할 수 있겠지만, 따지고 보면 큰 차이가 없습니다.

업설과 윤회설이 지니는 의미에 대하여 간단히 생각해 봅시다. 흔히 업보라고 하면 숙명론과 관련지어 생각하는 사람들이 많습니다. 물론 그런 점이 없는 건 아니지요. 흔히 한숨을 쉬면서 "다 자업자득이지요!"라고 말합니다. 업의 자기책임성이라는 문제를 놓고 본다면, 우리의 삶은 이미 꼼짝없이 결정지어진 것에 불과하다고 볼 수 있습니다. 지금 나의 삶에서 벌어지는 모든 행위는 과거 나의 어떤 행위의 결과에 불과하다는 겁니다. 업의 순환을 끊을 수 있는 가능성은 전혀 없는 것처럼 보일 수도 있습니다. 이미 말한 것처럼 업이란 행위 또는 행위의 잠재력이라고 할 때, 우리가 살아 있다는 것은 곧 업을 쌓고 있다는 말과 다르지 않습니다. 살아 있는 한 한순간도 움직이지 않을 수 없고, 몸이나 입 또는 마음이 움직이는 한 업과 무관할 수 없습니다. 업이 남아 있는 한 끝없이 윤회의 순환에 갇혀 있을 수밖에 없잖아요?

그러나 결코 그렇지는 않습니다. 업설이나 윤회설은 숙명론이 아닙니다. 업의 자기책임성을 강조하고 있는 것은 사실이지만, 또한 그 이면에는 항상 업의 초월가능성을 열어놓고 있습니다. 만일 그렇지 않다면 힌두교는 '구제(救濟)의 도(道)'라 할 수 없어요. 모든 행위는 업을 남긴다고 가르치지만, 또한 어떤 행위는 이미 쌓은 업을 삭감할 수도 있다는 가능성을 열어둡니다. 오히려 여기에 핵심이 있습니다.

예를 들어 『바가바드기따』에서 끊임없이 강조하고 있는 '결과에 집착하지 않는 행위'는 바로 그것입니다. 그것은 업을 멸할 수 있는

우주의 소리 '옴'을 그림으로 나타낸 것. '옴'은 수없이 반복되는 창조, 유지, 파괴의 중심축이며 우주의 절대진리인 브라흐만과 동일시된다.

행위이기 때문에 이상적인 행위로 강조됩니다. 신애(信愛)를 실천하는 사람들의 경우에는 자신의 행위가 모두 신에게 바쳐지는 것이기 때문에 업이 되지 않는다고 합니다. 이들은 신의 은총이 개개인의 업을 멸할 수 있다고 봅니다. 업이 양도가능하다는 것도 이와 같은 맥락입니다. 어떤 사람이 선행을 많이 하여 좋은 업을 많이 쌓았을 때, 그것을 다른 사람에게 나누어 줄 수도 있다는 것입니다. 이미 오래 전에 타계한 증조할아버지의 덕을 보는 것은 이런 경우지요. 대승불교에서 중요해지는 회향(回向)사상도 이런 맥락에서 이해될 수 있습니다. 한 가지 차이점이 있다면, 회향사상에서는 선업(善業)만 회향의 대상이 되지만, 힌두교의 경우에는 악업(惡業)도 마찬가지로 양도가능하다는 점입니다.

우리의 삶은 이중적입니다. 한편으로는 업을 쌓고 있는 과정이지만, 다른 한편으로는 업을 멸해가는 과정입니다. 그것은 업의 결과인 동시에 업의 원인이기도 합니다. 어디에 무게를 두느냐 하는 것은 각자의 선택입니다. 삶이 업의 결과라는 점에 중점을 둔다면 끝없이 숙명론적으로 흐를 수밖에 없지만, 또한 오늘 우리의 삶이 현재와 미래의 삶을 결정하는 원인이 된다는 쪽에 무게중심을 둔다면, 업설만큼 인간의 자기책임성을 강조하는 가르침도 없다 할 것입니다. 마음먹기에 달려있습니다.

업설이 형성되는 당시의 상황을 보면, 그것은 숙명론이 아니라 인간의 자기책임을 강조하는 가르침이라는 것이 분명해집니다. 우빠니샤드 시대는 그전의 제사지상주의에 대한 반발이 현저해지는 시기로 특징지을 수 있습니다. 업과 윤회에 대한 생각이 거의 보이지 않는 베다 시대만 해도 사람들은 모든 것을 신에게 의지했습니다. 한마디로 인간의 운명은 신이 좌지우지하는 것이었지요. 길흉화복은 모두 신이 내리는 것이었습니다. 그러던 것이 브라흐마나(Brahmāṇa) 시대에 접어들면서 제사가 모든 것을 가능케 한다는 믿음으로 대체됩니다. 신은 다만 제사에 필요한 도구 정도로 여겨지고, 제사를 주관하는 바라문들이 최고의 지위를 점합니다. 힌두교가 극도로 썩어버리지요.

우빠니샤드는 이와 같은 제사지상주의를 과감하게 떠납니다. 인간의 모든 운명은 인간 스스로의 노력에 의해 결정된다는 입장으로 전환합니다. 중요한 전환이지요. 업설이 확고해지는 것도 이런 맥락에서 이해될 수 있는 점이 있습니다. 인간의 운명은 신이나 제사가 좌우하는 것이 아니라 스스로의 노력에 의해 결정된다는 것입니다. 이런 점은 우빠니샤드와 불교가 상통하는 일면이기도 합니다. 우빠니샤드나 불교는 신으로부터의 인간해방이며, 업설은 그 핵심에 있다 해도 과언이 아닙니다.

 더 알고 싶은 인도

요즘 우리 주변에는 전생에 대한 관심이 높은데요?

인도에서 윤회(saṃsāra)에 대한 사색은 인간의 현실적인 삶이 고통이라는 자각과 함께 이루어졌습니다. 지금 여기의 삶이 고통으로 자각될 때, 이 고통의 뿌리는 어디며, 그 원인은 무엇인가 하는 의문이 일어났지요. 그 결과로 체계화된 것이 업과 윤회에 관한 교리입니다. 윤회 환생의 본질은 고통이라는 말입니다. 따라서 업은 끊어야 하는 것이고 윤회는 벗어나야 하는 것이지요. 설사 그게 천계라 해도 예외일 수 없어요. 끊고 벗어나야 할 윤회의 테두리 안에 있다는 점에서는 지옥이나 차이가 없습니다.

고대 인도인들에게 가장 큰 두려움은 다시 태어나는 것, 또는 다시 죽는 것이었지요. 천계든 인간계든 다시 태어나지 않는 것이 최고의 이상이었습니다. 물론 선행을 쌓아서 좋은 곳에 태어나겠다는 민간신앙이 없었던 것은 아니지만, 최선이 아니라 단지 차선의 바람일 뿐이었지요. 현생에서 바른 지혜를 얻은 사람은 죽어서 곧바로 범계(梵界)로 갑니다. 다시 돌아오지 않지요. 그렇지 못한 사람들은 다시 태어나야 합니다.

이에 비하여 요즘 우리 주변에서 보는 윤회에 대한 접근은 지나치게 낭만적이라는 생각이 들어요. 감상적입니다. 심지어는 다시 태어나고 싶어 합니다. 전생에 집착하고, 그러다 보면 대개 전생을 아름답게 과대 포장하게 되지요. 자신의 전생을 기억하고 있다는 사람들은 으레 자신이 전생에 유명한 인물이었다고 말합니다. 일전에 텔레비전 방송에서 전생을 기억한다고 말하는 사람들을 인터뷰했을 때, 그들은 대개 양귀비 아니면 세종대왕이지요. 전생에 끔찍한 살인을 저질렀던 흉악무도한 강도였다고 말하는 사람은 없었어요. 이런 사람들의 이야기를 듣고 있으면, 전생에 위대한 삶을 살았을 것이라는 일종의 자아도취적인 믿음이라는 생각을 떨쳐버리기 어려워요.

못다 이룬 꿈의 실현을 위하여 윤회를 끌어들이는 점도 없지 않습니다. 이 경우에는 대개 현실 도피라는 성격을 지녀요. 지금은 불가능하지만 다음 생에서는 반드시 이룰 것이라는, 현생의 불가능을 다음 생의 가능성으로 집행유예하는 측면이 강합니다. 이 경우에 환생은 불가능한 현실을 저 세상이라는 매개를 통하여 가능케 하는 메커니즘으로 작용합니다. 그것은 못다 이룬 사랑의 도피처쯤으로 여겨지기도 하지요. 결과가 그렇다는 것과 그것을 목적으로 한다는 것은 엄연히 달라요. 지금 이루지 못한 사랑을 내생에 다시 만나 이루자며 동반 자살하는 연인들도 있잖아요? 적당히 헤어지고 다시 만나고 또 헤어지는 그런 사랑보다는 백 배 낫다는 생각이 들지만, 그럼에도 윤회는 낭만이 아닙니다.

우리 주변에는 윤회가 허무맹랑한 허구일 뿐이라는 생각도 현저해요. 대개는 윤회를 심각하게 받아들이지 않습니다. 그야말로 소설이 지니는 허구 속에서나 가능할 수 있는 이야깃거리 정도로 여기지요. 윤회를 심각하게 받아들이지 않는 것은 서구에서도 마찬가지인 것 같습니다. 윤회론에 대한 서구의 반응은 무덤덤했어요. 다윈의 『종의 기원』이 발표되었을 때 기독교계를 중심으로 서구 사회가 들끓었던 것과는 전혀 다른 양상이었지요.

따지고 보면 인간이 짐승이나 벌레로 태어날 수도 있다는 윤회설은 원숭이가 사람으로 진화한다는 이론보다 훨씬 파격적일 수 있잖

꼬나락 사원 기단부에 조각된 짜끄라. 윤회는 흔히 수레바퀴로 상징되는데 수레바퀴가 한 바퀴 돌아 제자리로 돌아가듯 인간 역시 이번 생에서 다음 생으로 돌아간다는 뜻이다.

아요? 그럼에도 불구하고 윤회론은 진화론이 몰고 왔던 어떤 흥분과 적대감을 불러일으키지 않았습니다. 이것은 윤회론이 기존의 가치 체계를 위협할 정도로 현실적인 의미를 지니는 것이라고 보지 않기 때문일 것입니다. 비판의 대상이 된다는 것은 위협적인 존재라는 말이지요.

윤회론이 아직 이른바 냉철한 이성으로 검증받지 못한 가설에 머물고 있다는 것은 사실입니다. 그러나 비중 있는 과학자들이 제공하는 확고한 증거를 부여받지 못했다는 이유만으로 윤회를 허무맹랑한 것으로 돌려버리는 것은 옳지 않습니다. 과학이 전부일 수는 없기 때문이지요.

하나의 사상 혹은 개념이라는 것이 모든 시간 모든 장소에서 똑같이 적용되는 것은 아닙니다. 그럴 필요도 없어요. 그래서도 안 됩니다. 이른바 토착화라는 과정을 반드시 거치게 되는 것이며, 그래야 비로소 나에게 의미 있는 것입니다. 그럼에도 불구하고 분명히 짚고 넘어가야 할 것은, 어떤 경우든 윤회는 결코 낭만이 아니라는 것이지요. 그것은 아름답고 애틋한 이야기로 미화될 수 있는 성질의 것이 아니라는 말입니다.

지금 여기의 나, 나의 선 자리가 희미해질 때 전생에 기대고 내생에 기대는 것입니다. 전생에 대한 긍정은 내세의 긍정과 직결됩니다. 전생의 일에 집착하는 것은 곧 내생을 희구하는 것이나 다르지 않아요. 짐짓 내세 같은 것에는 관심이 없는 척하지만, 따지고 보면 전생에 집착하는 것은 무조건 믿고 천국 가자는 것이나 하나도 다를 바 없어요.

분명히 우리 주변의 전생 신드롬은 아름답지 못한 현재의 삶에 대한 도피 혹은 부정이라는 성격을 지닙니다. 현실에 대한 실망과 좌절이 왜곡되어 나타나는 현상이며 병든 사회의 우울증이지요. 허영심이라고나 할까요? 두려움인지도 모릅니다. 거울에 선명하게 비친 얼굴보다 물 위에 흐릿하게 비친 얼굴이 더 아름답듯이, 뚜렷한 현실 속에서 이루지 못한 나의 삶을 전생 또는 내생에 투영하여 아름답게 미화하는 것인지도 모를 일입니다.

전생에 내가 무엇이었건 현재의 나는 이미 결정된 것이며, 우리에게 남은 것은 현재의 삶이 미래의 삶을 결정한다는 것입니다. 현생이 전생의 결과인 것처럼 내생은 현생의 결과라는 단순한 상식을 잊어버린다면, 윤회의 이론은 절망뿐이지요. 남는 것은 체념뿐입니다. 오늘날 인도 사람들의 경우도 윤회를 다분히 이런 의미로 받아들이고 있는 것이 사실입니다.
　전생의 문제는 우리가 길을 가다가 자기의 현재 위치를 알기 위하여 가끔 뒤를 돌아보는 정도의 관심이면 충분하다고 봅니다. 이미 잊어버린 사건으로 충분할 수도 있어요. 전생에 대한 관심이 의미를 지니는 것은 단지 현재 나의 장점과 문제점들이 생겨나게 한 뿌리를 알 수 있게 한다는 것이지요. 어디까지나 초점은 현재에 있어야 합니다.
　음란의 도시 소돔을 탈출하던 롯의 아내가 뒤를 돌아보지 말라는 신의 명령을 어겨 소금 기둥이 된 것처럼, 사람이 과거에 대한 집착에서 벗어나기는 쉬운 일이 아니지요. 그렇지만 전생을 지나치게 의식하고 거기 끌려다니는 것은 전혀 무의미합니다. 윤회론은 우리에게 스스로가 당하는 고통의 의미를 일깨워주며, 비록 안갯속 같은 삶이지만 현재 나의 삶이 말할 수 없이 중요한 것임을 확신하게 해줍니다. 그것은 결국 밥 먹고 똥 싸는 '지금 여기'가 중요하다는 것을 강조하는 가르침입니다.

5
깨달음에 이르는 길, 요가

우리의 마음이 한 곳에 집중되고,
마침내는 마음작용이 지멸하는 단계,
그것이 요가이며, 그곳에 이르는 방법 또한 요가입니다.

건강은 자연스러운 상태

이 강의를 듣는 여러분 가운데 아직 요가라는 말이 뭔지 모르는 사람은 없을 것입니다. 세세한 내용은 모른다 해도 아마 꼰 다리를 또 꼬고 앉아 있는 것이 요가라는 정도는 알고 있을 것입니다. 하다못해 여학생들은 요가가 미용에 좋다더라는 정도는 알고 있을 거예요. 그렇지요? 요즘 우리 주변에는 명상이나 참선 또는 단전호흡과 같은 수련 문화가 어느 때보다도 널리 보급되고 있습니다. 이와 관련된 책도 서점에 많이 나와 있는 것을 볼 수 있지요.

이와 같이 전에 없던 관심이 부쩍 늘어난 것은 우리가 먹고 살만해졌다는 뜻일 겁니다. 가난하고 배고프던 시절에는 우선 먹고 사는 문제가 급했습니다. 그때는 마음공부라는 것이 다만 출가한 스님이나 가질 법한 관심사였는데, 이제는 일반 대중들에게도 널리 성행하고 있습니다. 일단은 좋은 현상이지요. 우선 먹고 사는 문제에만 매달리지 않아도 무방할 정도가 되어야 마음공부에도 관심이 가고 미용이나 다이어트에도 관심이 가는 것입니다.

물론 어떤 경우든 지나치게 의식한다는 것은 좋지 않습니다. 지나친 의식성은 언제나 진실을 왜곡할 가능성을 지니기 때문입니다. 뚱뚱한 것보다는 날씬한 게 좋지요? 그러나 날씬한 몸매에 지나치게 집착한 나머지 군살을 빼는 것이 아니라 요즘처럼 생살을 빼려 덤비는 것은 결코 바람직하지 않습니다. 사실 참으로 건강한 사람은 건강 문제를 생각하지 않습니다. 건강한 것에는 이유가 없습니다. 가끔 텔레비전이나 신문에서 장수마을을 소개하고 그 마을의 노인들에게 장수의 비결이 뭐냐고 묻는 것을 볼 수 있습니다. 어리석은 질문입니다. 건강한 데는 이유가 있을 수 없습니다. 건강한 몸과 마음은 우리의 자연스런 상태이기 때문입니다. 다만 건강하지 못할 때, 거기에는 분명히 이유가 있습니다.

아주 간단한 예를 하나 들어 볼까요? 여러분은 평소에 눈이 외부의 사물을 본다는 것을 의식합니까? 아마 평소에는 자신에게 눈이 있고 코가 있다는 사실조차도 의식하지 않을 겁니다. 왜, 그리고 어떻게 눈이 바깥 사물을 볼 수 있는가에 대하여 생각합니까? 그렇지 않습니다. 그러나 눈병이 났을 때는 어떻습니까? 눈이 침침하고 바깥 사물을 잘 볼 수 없게 되었을 때, 우리는 비로소 눈을 의식합니다. 눈의 건강을 생각합니다.

우리의 건강이라는 것도 이와 같습니다. 문제가 없을 때는 오히려 전혀 의식하지 않는 법입니다. 참으로 건강한 삶을 사는 사람은 '인생이 뭐냐?' '산다는 게 도대체 뭐냐?' 하는 골치 아픈 물음을 갖지 않습니다. 마치 신발이 발에 꼭 맞으면 신발의 존재를 잊어버리는 것처럼 말입니다. 아까 내가 우리 주변에 정신세계에 대한 관심, 건강에 대한 관심이 늘고 있다고 했습니다. 먹고 살 만해졌기 때문이라는 말도 했습니다. 물론 그런 점이 있다는 건 확실해요. 이전 같으면 하고 싶어도 할 수 없는 일이 많았지만, 요즘에는 경제적으로 여유가 생기니까 선택의 폭이 넓어진 게 사실이지요.

그러나 또 다른 한 면이 있습니다. 우리 주변에 마음공부에 대한

양 미간에 있는 제3의 눈으로 진리의 빛을 쏟아내는 쉬바. 수행을 방해하는 까마(Kāma)와 라띠(Rati)를 제어하고 있다.
쉬바는 고행을 통해 절대적인 힘을 얻은 위대한 고행자이며, 수행자를 도와주는 신으로 전해진다.

관심이 높아지고 건강에 대한 관심이 높아졌다는 것은, 그만큼 우리의 마음이 비뚤어지고 황폐해졌다는 의미이기도 합니다. 그만큼 우리가 육체적으로도 건강하지 못하다는 반증일 수도 있다는 겁니다. 마치 눈에 병이 났을 때 눈을 의식하게 되는 것처럼, 우리의 마음이 잘못되고 몸이 병들었기 때문에 마음공부에 대한 관심이나 건강에 대한 욕구가 부쩍 늘어났다 이겁니다. 여러분은 어때요? 건강합니까?

요가, 이완된 집중

오늘 아침에는 여러분하고 요가에 대하여 좀 이야기해 볼까 합니다. 인도말로 요가는 넓은 의미에서 길(道)이라는 의미를 지닙니다. 좀더 설명하자면, 해탈 또는 깨달음에 이르는 길을 요가라고 합니다. 인도 사람들이 궁극적으로 추구하는 것은 해탈입니다. 지난번에 이미 말했듯이 해탈은 업을 끊고 윤회에서 벗어나는 것이며, 이것을 가능하게 하는 것이 바로 요가입니다. 힌두교의 각 종파마다 해탈을 추구하는 방법이 다양하며, 따라서 수많은 형태의 요가가 있습니다. 우리나라는 물론 세계적으로도 널리 알려진 신체수련 중심의 하타요가뿐만 아니라, 인도에서는 라자요가·만뜨라요가·라야요가·박띠요가·까르마요가·갸나요가 등 다양한 종류의 요가가 행해지고 있습니다.

요가라는 말의 어원을 따지자면, 이 말은 원래 '결합하다' '멍에를

7개의 주요 짜끄라.
짜끄라는 우리 몸의
에너지센터이며,
생명의 중추이다.

매다'라는 의미의 범어 동사 '유즈'(yuj)라는 말에서 온 것입니다. 그러니까 요가라는 것은 '결합' 또는 '멍에를 매는 것'이라는 문자적인 의미를 지니는 셈입니다. 그러면 뭘 결합하느냐? 우선 몸과 마음을 결합하여 하나 되게 하는 것이며, 나아가 몸과 마음이 하나 된 개체가 궁극적 실재와 하나 되는 것, 그게 요가입니다. 그렇다면 결합이란 무엇이냐, 그건 자유를 의미합니다.

합일은 완성이며 자유입니다. 유기적인 관계에 있어야 할 몸과 마음이 따로 노는 것, 그것은 갈등이며 구속이지요. 이에 비하여 합일은 자유라 할 수 있어요. 몸 따로 마음 따로 논다면 어떻게 되겠어요? 한마디로 괴롭습니다. 예를 들어, 오늘 아침에 학교 수업에 늦지 않기 위해서는 적어도 여섯 시에는 일어나야 하는데, 마음은 그래야 한다는 것을 알고 있지만 몸은 자꾸 10분만 더, 10분만 더 하고 꾸물거리고 있다면 괴롭잖아요? 몸과 마음이 따로 놀지 않을 때, 하나로 결합되어 합일될 때 자유가 있습니다. 자유는 기쁨입니다. 해탈은 다른 말로 자유라 할 수 있지요.

자유라는 건 늘 피 냄새를 풍기는 인내를 요구하는 구석이 있지만, 그 끝에는 기쁨이 있어요. 만일 그렇지 않다면 그건 자유가 아닙니다. 사람과 사람의 관계에서도 마찬가지입니다. 자유란 하나 됨에 있지요. 둘이 하나로 합일될 때, 거기에 자유가 있습니다. 이런 점에서 사람들 사이에서의 자유란 조화라 할 수 있습니다. 사람들이 왜 섹스에 몰두하게 되는지 알아요? 비록 짧은 순간이지만, 두 사람의 영혼이 하나로 녹아 합일하는 체험을 하기 때문입니다. 그 순간에 일상

속에서는 쉽게 체험되지 않는 자유가 일어납니다.

여러분이 알다시피 조화란 쉽지가 않아요. 자연에서 보는 것처럼, 그냥 있는 그대로가 조화요 아름다움인 경우도 있지만, 사람 사는 세상이란 게 어디 그래요? 인위적으로 만들어가는 조화란 언제나 '투쟁'이 요구되는 법입니다. 그래서 고대의 서양 철학자 중에 여러분이 잘 아는 헤라클레이토스라는 사람은 '투쟁은 조화'라고 했습니다. 서로 다른 두 요소가 만나서 하나 되어 조화를 이루고 자유를 누린다는 것은 그냥 주어지는 것이 아닙니다. 어떤 의미에서든 투쟁을 통하여 가능할 수 있습니다. 그렇다고 해서 투쟁이라는 것이 4·19니 5·18이니 하는 거창한 것만 아닙니다. 투쟁은 서로의 이해를 맞추려는 노력입니다.

우리 아이도 그렇지만, 요즘 아이들은 싸우지 않는 게 문제입니다. 어른들은 아이들에게 늘상 "얘들아, 싸우지 말고 사이좋게 놀아라"고 말합니다. 그러나 따지고 보면 이 말은 틀린 말입니다. 왜냐? 싸우지 않는 한 사이가 좋을 수가 없기 때문입니다. 싸워야 사이가 좋을 수 있어요. 싸운다는 것은 서로 관심이 있다는 뜻이며, 나아가 비록 다르지만 서로를 맞추기 위하여 노력한다는 뜻입니다. 서로 싸우지 않는다면 그냥 무덤덤한 사이일 수는 있을 것입니다. 겉으로 보기에는 평화와 조화로운 공존이 있는 것처럼 보일 수 있겠지요. 그러나 실상은 그저 그런 사이일 뿐입니다. 너는 너고 나는 나라는 겁니다. 언제든 돌아설 수 있습니다. 심심한 평화가 있을 뿐입니다.

투쟁의 과정을 거친 평화야말로 진정한 자유를 약속합니다. 숱하게 싸우고 밀고 당기는 과정에서 둘은 하나가 될 수 있습니다. 그때 그 둘 사이에 자유가 있습니다. 의리라는 것도 생기고 어지간한 일로는 서로 갈라서지 않는 법입니다. 이런 관계에서는 설사 쌍욕을 듣는다 해도 웃고 넘어갈 수 있지만, 그저 그런 사이에서는 당장 안색이 변할 것입니다. 거기에 자유는 없습니다.

요즘 아이들은 싸우지 않는 게 문제라는 말 이해하겠어요? 싸우지 않으니까 폭력이 음성적으로 흐릅니다. 요즘 아이들은 서로 싸워 이해의 지평을 맞추려하기보다는 은밀하게 폭력을 가합니다. 이지메를 가하고 왕따를 시키지요? 이제 어른들은 "애들아, 싸우면서 사이좋게 놀아라" 하고 타이를 필요가 있습니다. 이해하겠어요? 오래 남는 친구가 되려거든 우선 싸움을 거세요. 마음에 드는 여자가 있으면, 일부러라도 발을 밟아서 싸움을 걸어야 합니다.

다시 요가 이야기로 돌아갈까요? 간단히 말하여 요가는 자유를 위한 투쟁입니다. 따로 노는 몸과 마음을 하나로 잡아 묶는 작업이라 할 수 있습니다. 물론 이 작업이 간단치는 않습니다. 우빠니샤드에서는 우리의 몸을 마음에 잡아매고 궁극적으로는 절대자와 합일하여 완전한 자유에 이르는 과정을 마차로 목적지까지 노정에 비유하여 설명하고 있습니다. 마차의 주인은 아뜨만(ātman), 즉 우리의 진아입니다. 마차는 우리의 몸이며, 마차를 몰고 가는 마부는 우리의 지성입니다. 고삐는 우리의 의근(意根)에 해당하며, 말은 우리의 감관 또는 욕망이라 할 수 있습니다. 길은 감각의 대상입니다. 이런 의미에서 요가라는 것은 몸(마차) 안에 있는 우리의 진아가 지성(마부)으로

수레 모양의 수리야(Sūrya)사원. 사원은 우리를 차안에서 피안으로 실어 나르는 수레와 같다.

하여금 의근(고삐)을 잘 조절하여 여러 말(욕망)들이 엉뚱한 샛길로 빠지지 않고 힘을 모아서 한 방향으로 달리게 하는 기술이라 할 수 있습니다.

 여기서 우선 짚고 넘어갈 것은, 우리의 욕망이 말에 비유된다는 사실입니다. 이것은 요가라는 것이 결코 인간의 욕망을 죽이는 게 아니라는 것을 의미합니다. 마차를 타고 목적지를 향해 가고자 할 때, 말을 죽여 버리면 어떻게 될까요? 마차는 움직일 수 없습니다. 마찬가지로 인간의 욕망은 해탈이라는 목적지에 이를 수 있게 하는 가장 중요한 에너지의 원천입니다. 제어되고 한 곳으로 집중될 필요가 있을 뿐 결코 부정될 필요는 없는 것이 인간의 자연스런 욕망이며, 이러한 사고방식은 인도종교의 가장 특징적인 측면 가운데 하나로 간주됩니다. 힌두교와 불교가 갈라지는 중요한 이정표가 되는 곳이기도 합니다. 아무튼 우빠니샤드의 이 비유는 요가의 정곡을 찌르는 면이 있습니다.

요가 수행의 8지분

인도에서 요가의 역사는 무지무지 길어요. 심지어 기원전 3000년경 인더스 문명 유적에서 출토되는 인장에서도 요가 자세를 취한 수행자를 볼 수 있을 정도로 오랜 역사를 지닙니다. 적어도 5,000년 이상 되는 것 아닙니까? 이와 같은 장구한 역사를 통하여 힌두교의 각 종파는 각기 제 나름대로 다양한 요가 전통을 발전시켜왔습니다. 그러던 중에 빠딴잘리(Patañjali)라는 성자가 요가를 일목요연한 체계로 정리하고 『요가 수뜨라』(Yoga-Sūtra)라는 문헌을 남겼습니다. 4세기 무렵의 경전이지요. 우리말로 번역되어 소개된 적이 있는 책입니다.

인도의 요가에 대한 여러 종류의 책들이 나와 있지만, 『요가 수뜨라』야말로 요가에 대한 가장 정통적이고 기본적인 안내서라고 할 수 있습니다. 『요가 수뜨라』에서 요가는 '심작용(心作俑)의 지멸(止滅)'로 정의됩니다. 분주하게 대상을 옮겨 다니는 우리의 마음이 한

곳에 집중되고 마침내는 전혀 아무런 작용도 없는 단계, 그것이 요가이며, 그곳에 이르게 하는 방법 또한 요가라고 했습니다.

『요가 수뜨라』에 소개된 내용을 중심으로 요가 수행의 8지분(aṣṭāṅga)을 살펴보겠습니다. 대개 우리가 생각하는 것처럼 요가는 다리를 꼬고 앉는 것으로 시작하는 게 아닙니다. 우선 첫 번째 단계로 윤리적인 준비단계(禁戒, yama)가 요구됩니다. 윤리적으로 준비되지 못한 사람은 요가를 닦을 자격이 없다는 겁니다. 이 단계에서는 우리가 생활 속에서 금해야 할 다섯 가지, 즉 살생하지 말 것, 거짓말하지 말 것, 남의 것을 훔치지 말 것, 음란에 빠지지 말 것, 불필요한 소유를 탐하지 말 것 등이 강조됩니다. 이 첫 단계의 다섯 가지 계율은 요가 수행체계가 불교나 자이나교와 상당히 밀접한 관련 속에 있다는 것을 시사합니다. 불교의 경우와 마찬가지로 요가에서도 오계 중에 가장 핵심적인 것은 역시 불살생입니다. 불살생은 모든 계율 중의 으뜸이라 할 것입니다.

요가의 두 번째 지분은 내외의 청정, 신에게의 헌신 등이 적극적으로 권장되는 단계(勸戒, niyama)입니다. 이 단계 역시 윤리적인 준비단계라 할 수 있지만, 첫 번째 단계가 주로 금지에 중점을 두고 있다면 두 번째 단계는 일종의 권장사항이라 할 수 있지요. 적극적으로 행해야 하는 덕목들입니다. 알다시피 윤리라는 것은 주변 환경과 나의 조화를 추구하는 과정입니다. 윤리 규범이라는 것은 나와 주변 사람들이 서로 이해의 지평을 맞추어 가는 과정에서 지켜야 하는 룰입니다. 이것이 지켜지지 않으면 피차 괴롭습니다. 설사 법적으로 강제

되지 않는다 할지라도, 윤리 규범은 은연중에 우리를 강제하는 힘을 지닙니다. 물론 요가는 윤리적인 차원에 머물지는 않습니다. 결국 그 너머로 깨고 나아가는 것이며, 그런 의미에서 초윤리적이라 할 수 있지만, 초윤리는 결코 윤리를 무시하라는 게 아닙니다. 윤리적인 단계를 딛고 넘어서야 합니다.

세 번째 지분은 어떤 요가 자세를 취할 것인가를 익히는 좌법(坐法, āsana)의 단계입니다. 여기서부터가 일반적인 의미에서의 요가라고 할 수 있지요. 우리가 요가하면 흔히 결가부좌를 틀고 앉은 비쩍 마른 수행자의 모습을 떠올리는 것도 이런 이유 때문입니다. 사실 요가의 여러 단계 중에서 신체수련의 가장 기초적인 단계가 바로 이 좌법의 단계라고 할 수 있어요. 하타요가 경전들에는 여러 좌법들이 소개되어 있습니다. 심지어 어떤 경전에서는 원래 8만 4,000가지의 좌법이 있었는데 오늘날에는 84가지 정도가 전해질 뿐이라고 말하기도 합니다.

빠딴잘리는 이상적인 요가의 자세로 적합할 수 있는 기준을 두 가지 들고 있습니다. 우선 요가 자세는 편안해야 하고, 또한 오래 지속될 수 있어야 한다는 것이지요. 이 기준에 부합되는 가장 중요한 자세가 바로 결가부좌입니다. 결가부좌 알지요? 어른들은 양반다리라고 하고 아이들은 아빠다리라고도 부르는 그 자세가 바로 가장 대표적인 요가 자세라고 할 수 있습니다. 이외에도 각기 특수한 목적에 따라 여러 가지 자세들이 응용될 수 있습니다. 경전에서는 이상적인 자세로 권장되지만, 체형에 따라 불가능한 자세도 있을 수 있지요.

깐치뿌람사원 만다빠 기둥에 부조된 요가를 닦는 수행자들.
수행은 적극적이고 자발적인 포기로 시작된다.

네 번째 지분은 호흡조절〔調息, praṇāyāma〕입니다. 이 단계는 앞의 좌법과 함께 하타요가(haṭha-yoga)에서 가장 핵심을 이루는 부분입니다. 요가 수행자가 윤리적인 준비를 하고 좌법을 익히는 것을 결국 우리의 마음을 잠잠하게 하기 위한 것인데, 호흡조절이야말로 마음을 가라앉히는 핵심 중의 핵심이라 할 수 있습니다. 호흡은 마음과 직결되어 있기 때문입니다. 이것은 우리가 마음이 급해질 때 저절로 숨이 거칠어지는 것을 보면 알 수 있습니다. 반대로 급해진 마음을 진정시키려 할 때는 요가를 모르는 사람이라도 심호흡을 합니다. 숨을 깊이 들이마셔 아랫배까지 밀어 넣었다가 천천히 뱉으면 자신도 모르게 마음이 진정됩니다.

이와 같이 호흡은 마음과 긴밀하게 관련되어 있으므로, 마음을 다스리기 위하여 호흡을 관찰하고 제어하는 것이 필수적인 게 당연하지요. 호흡법을 익히는 것도 무척 긴 시간을 요하는 어려운 과정입니다. 우리는 대개 요가에서 가르치는 호흡법과 정반대의 호흡을 하는 것이 일반적입니다. 숨을 들이쉴 때는 배가 들어가고 숨을 내쉴 때는 오히려 배가 나오는 것이 그 대표적인 예라 할 수 있습니다. 들숨과 날숨만 있을 뿐 멎는 숨이 거의 없다는 것도 마찬가지 예입니다.

호흡은 마음작용과 관련해서 중요할 뿐만 아니라 우리의 생명과도 직결됩니다. 한두 주일쯤 밥 안 먹는다고 해서 죽지는 않잖아요? 며칠 동안 잠 안 잔다고 죽나요? 그러나 단 몇 분만 숨을 못 쉬면 죽습니다. 그만큼 호흡은 우리의 생명에 직접적인 영향을 미칩니다. 육체적인 건강을 위하여 단전호흡을 하고 복식호흡이 권장되는 것도 이런 이유 때문입니다. 건강하려면 밥 잘 먹는 것도 중요하지만, 숨을 잘 쉬어야 합니다. 그러면 건강할 수 있어요. 중국에서 양생법(養生法)의 하나로 널리 행해지는 기공법도 요가만큼 오랜 역사를 지닙니다.

요가의 다섯 번째 단계는 수행자가 자신의 감관을 제어하는 단계〔制感, pratyāhāra〕입니다. 방금 마차의 비유에서 이미 말한 것처럼, 인간의 감관 또는 욕망은 말과 같습니다. 길이든 아니든 갈 수만 있다면 어디든지 내달리는 것이 말입니다. 오죽하면 고삐 풀린 망아지라는 말이 있겠어요? 우리의 감관이라는 것도 이와 같아요. 대상이 있으면 곧장 쫓아갑니다. 늘 바깥으로 향해 있는 것이 감관이지요. 제감은 이와 같이 바깥으로만 내닫는 감관을 안으로 끌어들이는 것입니다. 마치 거북이 사지를 두꺼운 갑 속으로 끌어들이듯이 바깥을 지향하는 감관들을 끌어들이는 것입니다.

욕망은 제어될 때 새로운 차원의 에너지로 승화될 수 있어요. 사실 모든 감정이 그래요. 사람의 깊고 얕음은 결국 일어난 감정을 어떻게 잡아 두느냐에 달려있습니다. 기쁘다고 떠벌려 버리면 남는 건 허전함이지요? 그러나 기쁨을 꾹 눌러 뱃속 깊이 넣어 두면 두 배 세 배로 새끼를 칩니다. 어떤 감정이 일어난다는 것은 씨앗이 생겨난다는 것입니다. 씨앗을 땅 위 환한 곳에 보기 좋게 전시해 두면 싹이 트나요? 싹은커녕 말라 버리잖아요? 씨앗은 보이지 않는 어두운 곳에 묻어 두어야 싹을 틔우고 몇 갑절의 열매를 맺는 겁니다. 우리의 감정도 마찬가지입니다. 일어나면, 일단 어두운 곳에 묻어 둘 필요가 있어요. 묻어 둔다고 그게 어디 가나요? 기쁨을 가슴속에 간직해 둔다고, 보이는 곳에 떠벌리지 않는다고 없어지나요? 그렇지 않잖아요?

마치 묻어 둔 씨앗이 저절로 싹을 틔우듯이 우리의 감정이라는 것도 잘 묻어 두면 저절로 싹을 틔우고 새로운 차원의 에너지로 승화될 수 있어요. 마치 한 톨의 씨앗이 싹이 되고 꽃이 되고 열매가 되는 과정에서 그 본래의 차원이 달라지는 것처럼 우리의 감정이라는 것도 묻어 두면, 잡아 두면 새로운 차원의 에너지로 변하는 것을 느낄 수 있습니다. 기쁨이라는 감정뿐만 아니라 슬픔이나 노여움도 마찬가지입니다. 일어난 감정은, 그것이 어떤 것이든 일단 잡아 두면 우리에게 득이 되는 에너지로 변합니다.

감정이란 일단 일어나면, 억누른다고 해서 사라지지 않습니다. 억누를수록 오히려 맹렬하게 덤비는 것이 사람의 감정이잖아요? 억누르는 것만으로는 해결되지 않습니다. 그걸 조용히 지켜볼 수 있어야 합니다. 일어난 감정을 일단 잡아 두고 지켜볼 수만 있다면, 그 다음은 저절로 해결되게 되어 있어요. 내게 일어난 감정을 내가 가만히 지켜본다는 것, 물론 그건 간단한 일은 아닙니다. 그러나 그게 가능해져야 비로소 우리가 내면의 깊이로 침잠할 수 있는 준비운동이 끝나는 것입니다.

이러한 준비 과정이 끝나면, 다음 단계부터는 수행의 중점이 정신적인 영역으로 옮겨갑니다. 여섯 번째 지분인 집지(執持, dhāraṇa)는 특정 대상에 마음을 고정시키는 것입니다. 마음은 오관의 배후에 있는 내적 감관입니다. 마음이 감관에서 떨어져 있으면, 설사 눈이 보고 있다 해도 보는 것이 아니며, 귀가 듣고 있다 해도 듣는 게 아닙니다. 마음이 따라가지 않으면 설사 감관이 대상을 향해 있다 해도 인식은 일어나지 않습니다. 이런 점에서 보면, 바로 앞 단계에서 감관을 거두어들인다는 것은 결국 우리의 마음이 감관과 분리될 때 완전해진다고 볼 수 있지요.

피상적인 표면을 따라 부유하는 일상적인 삶 속에서 우리의 마음은 하나의 대상에 머물지 않습니다. 마치 나비가 이 꽃 저 꽃을 분주히 옮겨 다니는 것처럼, 우리의 마음도 이런저런 대상들을 끊임없이 옮겨 다닙니다. 집지의 목적은 마음을 지속적으로 한 대상에 집중하도록 하며, 다른 대상으로 옮겨갈 때는 재빨리 원래의 대상으로 되돌려 놓는 것입니다. 이동과 방해의 빈도가 낮을수록 집지는 성공적이라 할 수 있지요.

일곱 번째 지분은 정려(靜慮)입니다. 범어로는 이 단계를 디야나(dhyāna)라고 하는데, 흔히 불교에서 사용되는 선(禪)이라는 말은 바로 디야나에 대한 한자어입니다. 정려는 우리의 마음이 선택된 한 대상을 향하여 아무런 장애 없이 흐르는 상태를 가리킵니다. 마음을 더욱 내면으로 거두어들여 한 대상에 대해서만 유지시킴으로써 집지의 단계에서 정려의 단계로 나아가는 것입니다.

좀더 상세하게 살펴볼까요? 방금 이야기한 것처럼 일상적인 삶 속에서 우리의 마음은 분주하게 이리저리 움직입니다. 한 대상에 대하여 단 몇 초도 지속되지 않습니다. 여러분, 지금 당장 눈을 감고 스스로의 마음을 한번 지켜봐 보세요. 어때요? 숱한 대상들이 왔다 갔다

망아(忘我). 힌두교인들에게 갠지스 강에서의 목욕은 카타르시스의 순간이다.

하지요? 친구 얼굴도 떠오르고, 지난번에 갔던 호프집 맥주잔도 떠오르고, 있다가 점심시간에 만나야 할 사람도 떠오르고, 아무튼 온갖 대상들이 왔다가 사라지는 것을 볼 수 있을 것입니다. 이에 비하여 집지의 단계에서는 그 이동의 빈도가 낮아집니다. 잠잠해진다 이겁니다. 잠잠해지는 정도가 점점 깊어져서 정려의 단계에서는 마음이 더 이상 대상을 옮겨 다니지 않습니다. 다시 말하여 우리의 마음이 오직 한 대상만 그 내용으로 지닌다는 것입니다. 그러나 이 단계에서도 우리의 마음은 여전히 가변적이며, 대상의 범위 내에서 이동이 일어날 수 있습니다.

요가의 마지막 지분은 삼매(三昧)입니다. 이 말도 우리가 생활 속에서 자주 쓰는 말이지요? 독서삼매니 삼매경에 빠졌다느니 하잖아요? 원래 범어로는 사마디(samādhi)라는 말인데, 한문으로 음역되는 과정에서 삼매가 된 것입니다.『요가 수뜨라』에서는 이 단계를 "선정이 한결같은 상태에 있어서, 그 대상만이 빛나고 자기 자신은 없어진 것같이 되었을 때"라고 합니다. 무슨 말인지 이해가 가요? 아마 무슨 말인지 잘 이해가 가지 않을 것입니다. 당연합니다. 정려의 단계도 그렇거니와 삼매는 사실 말로 설명되는 세계, 혹은 우리의 이성이 논리적으로 분석해 낼 수 있는 단계가 아닙니다. 삼매는 이해의 대상이 되는 지식이 아니라 깨달아 알아야 하는, 증득(證得)해야 하는 언표 불가능의 세계라 할 수 있기 때문입니다.

그러나 한 가지 분명한 것은 삼매의 단계에서는 수행자의 자아의식이 완전히 사라진다는 사실입니다. 정려의 단계에서는 비록 마음이 오직 하나의 대상에 머물러 있다 할지라도 여전히 자아의식이 남아 있기 때문에, 그것이 수행자 자신과 대상을 가로막는 장애로 작용할 수 있지만 삼매의 단계로 진전되면 이러한 장애가 완전히 제거된다는 것입니다.『요가 수뜨라』에 따르면, 삼매의 상태에서 수행자는 고차적인 직관(覺)을 얻습니다. 이러한 직관은 우리가 두뇌에 한정된 사고에서 벗어나는 완전히 새로운 경지라 할 수 있지요. 이때 수행자는 명상의 대상이 지니는 깊고 오묘한 의미를 파악하게 됩니다. 이름과 모양을 갖추고 나타난 세계의 본질을 여실히 들여다볼 수 있

삼매에 든 요가행자.

게 되는 것입니다.

　지금까지 『요가 수뜨라』에서 말하는 요가의 8지분에 대해서 살펴보았습니다. 어렵지 않지요? 지금 이 강의를 통해서 하는 것처럼, 요가를 이해하는 것은 쉽습니다. 그러나 좀 전에도 말했지만, 요가는 이해하는 게 아닙니다. 요가는 실천이고 체험이지요. 그렇기 때문에 요가는 사실 책으로 배울 수 있는 게 아닙니다. 반드시 스승이 필요합니다. 태권도나 다른 여러 무술에 대한 교본이 많지만 교본으로 무술을 배우기가 매우 어려운 것과 마찬가지로, 요가 또한 반드시 일정한 자격을 갖춘 스승의 지도 아래 한 걸음 또 한 걸음 나아갈 수 있는 것입니다. 이 점을 명심할 필요가 있지요.

　생각해 보면, 요즘 우리의 삶은 지나치게 분주합니다. 조용히 자신의 내면을 관조할 수 있는 기회가 매우 드물어요. 화장실에 앉아 있을 때나 가능할까? 왜 웃어요? 사실 똥을 눌 때 우리의 의식이 맑아져요. 그래서 옛날 어른들이 화장실이야말로 깊은 생각을 하기에 적합한 곳이라고 했습니다. 절에서는 화장실을 해우소(解憂所)라고 합니다. 겉모습이 아무리 화려하면 뭐합니까? 내면의 뜰이 황폐하면 아무런 소용이 없습니다. 돌아서면 허전한 것입니다.

　사람은 누구나 '게으를 수 있는 권리'가 있습니다. 바깥일에 분주하지 않을 권리가 있어요. 대개 사람들은 시간적인 여유가 없다고 합니다. 그러나 사실은 그렇지 않습니다. 스스로 그 여유를 포기하고 있는지도 모릅니다. 아무리 바빠도 가끔은 자신의 내면을 살펴볼 필요가 있습니다. 삼십대가 되고 사십대가 되면 이미 늦습니다. 누구나 바깥일에 '게으를 수 있는 권리'가 있다는 것을 생각해 봅시다.

 더 알고 싶은 인도

요가를 하면 초능력이 생기기도 합니까?

여러분도 무협지 읽어요? 나는 중학교 다닐 때부터 애독자였어요. 수업 시간에 책상 밑에 숨겨가며 읽는 무협지는 지금 생각해도 스릴 만점이었지요. 들켜서 혼이 난 적도 있지만, 사람을 빠져 들게 하는 무엇이 있었어요. 어떻게 보면 말짱 거짓말 같고, 또 어떻게 보면 온통 주인공 한 사람만을 위한 독재가 거슬리지만, 또 다른 면이 있습니다.

내가 왜 무협지 이야기를 하는가 하면, 초능력 이야기가 나와서 그래요. 무협지에 보면 별의별 초능력이 다 나오잖아요? 특히 육체적인 면에서 가공할 힘들이 등장합니다. 장풍(掌風)과 경공술(輕功術)은 기본이지요. 바닥에서 엉덩이가 30센티미터 정도 떠오르는 요즘의 공중부양과는 차원이 다르지요. 물론 무협지는 소설이니까 그 내용에 허구가 있는 것은 사실이겠지만, 전혀 진실성이 없는 상상의 세계만은 아니라고 생각합니다. 만일 말짱 허구라면 그게 우리에게 어떤 재미를 줄 수가 없지요. 적어도 '그럴듯한' 허구라야 의미를 지니거든요. 그래야 재미가 있습니다.

『요가 수뜨라』에서도 여러 가지 초능력에 대해 언급하고 있습니

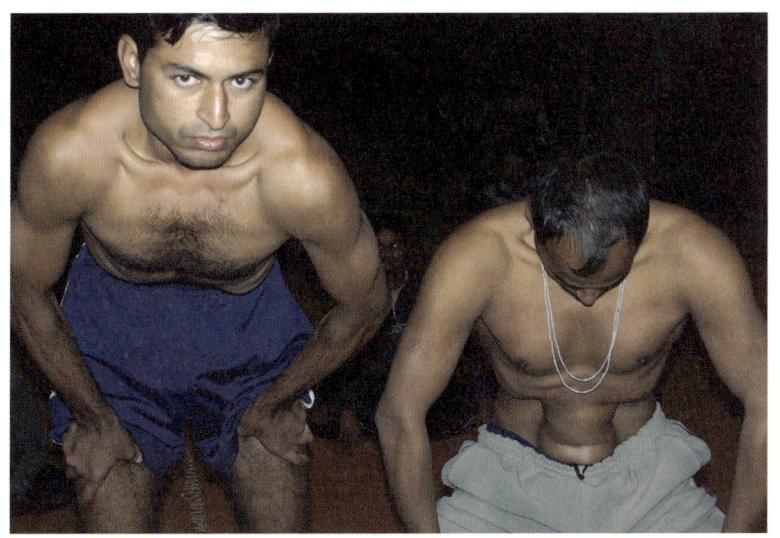
요가의 정화법 중 하나인 나울리 수련.

다. 예를 들어 수행자가 불살생(8단계 중에서 첫 번째인 금계에 속한다)을 철저하게 행하면, 동물들이 그에게 살심(殺心)을 품지 않는다고 합니다. 이것도 일종의 초능력이라 할 수 있지요. 또한 요가 수행이 진전되면 자신이나 다른 사람의 전생과 운명을 알 수 있는 눈이 열린다고 하며, 축지(縮地)나 은둔술(隱遁術)에 대한 언급도 있습니다.

그러나 『요가 수뜨라』에서 거듭 강조되는 것은, 이와 같은 초능력이 결코 요가의 목적이 아니라는 것입니다. 그것은 다만 요가가 올바르게 잘 닦이고 있다는 증거일 뿐이지요. 초능력은 일종의 부산물입니다. 그게 목적일 수는 없지요. 요가의 목적은 결국 삼매라 할 수 있

깨달음에 이르는 길, 요가 139

으며, 이를 통하여 해탈에 이르는 것입니다. 식사를 잘 하면 건강한 것처럼, 요가를 잘 닦다 보면 그 단계에 따라서 초능력이 생기지만 그것이 목적은 아니라는 겁니다. 이것은 마치 우리가 식사를 할 때 반드시 건강을 목적으로 하는 것은 아니더라도 건강이라는 결과를 얻게 되는 것과 같은 이치입니다.

6

여자, 위험한 도구

남자와 여자의 구분이란 지극히 상대적입니다.
한 사람 속에 남자와 여자가 조화를 이룰 때
균형 잡힌 인간이 됩니다.

우리 사회의 여성관

『나는 야한 여자가 좋다』는 책을 쓴 교수가 있었습니다. 한동안 베스트셀러였고 장안의 화제였지요. 여러분도 마광수 교수 기억합니까? 이 책 읽었어요? 마 교수는 '야한 여자'로 유명인사가 되었지만, 그 대가로 교수직을 그만두어야 하는 우여곡절이 있었습니다. 그 뒤에 복직했으니 이젠 지난 이야기지요. 사람들도 더 이상 관심이 없습니다. 이런 유의 이야기는 새로운 버전이 나오면 자연히 자리를 내주기 마련이지요.

그 후에는 마 교수의 '야한 여자'보다 더 야하고 충격적인, 업그레이드된 버전들이 많이 나왔습니다. '야한 여자'의 새로운 버전이라 할 수 있는 『나도 가끔은 포르노그라피의 주인공이 되고 싶다』라는 책은 '가끔'이라고 토를 달긴 했지만 더 직설적이지요. 더 리얼한 'O양 비디오'도 있었고, 영화 「거짓말」도 있었습니다. 그중 「거짓말」은 좀 특별해요. 그건 섹스를 다룬 영화라기보다는 허무를 다루고 있어요. 허무를 대안으로 제시한다고나 할까요? 그런 점에서 「세기말 블루스」보다 더 세기말적인 영화라 할 수 있지요.

오늘 아침에 내가 새삼 '야한 여자'를 끄집어내고 '포르노그라피의 주인공'을 데려오는 것은 마 교수를 이야기하자는 것도 아니고 서갑숙 씨를 이야기하자는 것도 아닙니다. 다만 이 일련의 현상들을 통하여 우리 사회의 여성관에 대해 좀 생각해 보자는 것입니다. 남자들이 여자를 보는 눈, 또는 여자들이 스스로를 보는 눈에 대해서 좀 생각해 보자는 것입니다.

생각해 보면, 전부 여자들에 대한 이야기지요. 작가가 남자건 여자건 그 내용의 중심에는 여자가 있습니다. 남자들의 외설에는 큰 관심이 없어요. 아마 여러분 중에 『나는 일본 문화가 재미있다』라는 책을 알고 있는 사람은 드물 것입니다. 르포 형태의 책인데, 누구 읽은 사람 있나요? 없지요? 이 책은 내가 보기에 마 교수의 '야한 여자'나 서갑숙의 '포르노그라피' 이상입니다. 그런데도 세인들의 큰 관심을 끌지 못했습니다. 입방아의 대상이 되지도 못했지요. 물론 작가의 지명도가 마 교수나 서갑숙 씨에 비하여 떨어진다는 점도 있겠지만, 그보다 더 중요한 이유는 여자가 아니라 남자의 외설을 다룬 것이기 때문일 겁니다.

'야한 여자'에서 '포르노그라피의 주인공'에 이르기까지, 이 여성들의 특징은 한마디로 '야하다'는 것입니다. 야하다는 게 뭡니까? 우선 '노출이 심하다'는 의미로 들리는데, 여러분도 그래요? 노출이 심하다는 건 단순히 신체 부위가 많이 드러나 있다는 의미가 아니지요. 이른바 성적인 이미지와 관련된 신체 부위가 많이 드러나 있다는 것입니다.

그런데 따지고 보면 '성적인 이미지와 관련된 신체 부위'라는 것이 매우 애매해요. 객관적인 기준이 있을 수 없습니다. 예를 들어 우리는 여자가 배꼽을 내놓고 다니면 매우 야하다고 생각합니다. 한때는 배꼽티를 입고는 방송출연이 불가능했던 적도 있었잖아요? 그런데 인도 여자들의 전통 의상인 사리(sari)는 가슴 바로 아래부터 배꼽

전통의상인 사리 차림의 인도 여성들.

까지 드러내는 게 기본입니다. 배꼽을 보이는 게 전혀 문제되지 않아요. 그런 반면 여자들이 종아리를 보이면 질색을 합니다. 발을 보이는 것도 금기시합니다. 인도 사람들의 사고방식으로는 배꼽보다는 종아리나 발이 훨씬 성적(性的)인 것이지요. 아랍 여자들의 경우에는 다른 남자에게 머리카락을 보이는 것을 터부시합니다.

물론 이론의 여지가 없는 곳이 있긴 합니다. 드러내면 무조건 야하다고 생각되는 부분이 있습니다. 남자는 한 곳이고 여자는 한 곳 이상이지요? 여기를 보이면 그야말로 치부를 보이는 게 되지요. 방금 이야기한 것처럼, 이른바 성적인 부분에 대한 판단이 문화상대적이고 매우 주관적이긴 하지만, 그럼에도 한 가지 분명한 것은 치부에 가까운 곳일수록 야한 부분이 된다는 사실입니다. 얼굴을 내놓고 다니는 것은 야한 게 아니지만 허벅지를 보이면 야한 게 됩니다.

왜 성기가 치부가 됩니까? 언제 어디서나 무조건 치부가 되는 것은 아닙니다. 예를 들어 공중목욕탕에서는 팬티를 입고 있으면 오히려 문제가 되잖아요? 성은 지극히 개인적이고 은밀한 것이기 때문입니다. 보여도 괜찮은 때가 있고 그렇지 못한 때가 있는 것입니다. 자기의 여자가 야한 것은 싫어하지만 남의 여자가 야한 것은 좋아합니다. 둘만 있을 때는 자기 여자라도 야하기를 원합니다. 야하다는 것은 성적인 매력을 지닌다, 이 말입니다. 매력이라는 게 뭡니까? 사람을 잡아끄는 힘입니다. 야한 여자가 좋다는 것은 성적으로 끄는 힘이 있는 여자가 좋다는 겁니다. 성적으로 끄는 힘, 그게 곧 여자의 정체인 셈입니다.

뿌루샤와 쁘라끄리띠

여자라는 존재가 에너지 혹은 힘으로 파악되는 것은 어제 오늘의 일이 아닙니다. 어머니(mother)라는 말은 질료(matter)라는 말과 어원이 같다고 합니다. 질료는 곧 에너지라는 것은 우리가 다 아는 사실입니다. 인도사상에서 여자는 기본적으로 근본 물질(prakṛti, 쁘라끄리띠)에 해당합니다. 이에 비하여 남자는 순수 정신(puruṣa, 뿌루샤)과 동일시됩니다.

쁘라끄리띠는 모든 것이 생산되는 원천이지만, 의식적인 측면을 지니지 않아요. 뿌루샤는 움직임이 없으며, 조용히 관조하는 의식입니다. 쁘라끄리띠는 모든 가능성을 지니는 에너지라 할 수 있지만, 의식이 없기 때문에 그 자체로는 대단히 위험한 것으로 간주됩니다. 언제 낭떠러지로 떨어질지 모르는 것이 쁘라끄리띠지요. 물론 의식이 없다고 해서 무조건 위험한 건 아니지요? 의식이 없으면서도 활력을 지니기 때문에 위험한 겁니다. 그래서 쁘라끄리띠는 뿌루샤의 주관과 통제하에 있어야 한다고 봅니다. 여자는 항상 남자의 지배 아래 있어야 안전하다는 논리가 되는 거지요. 남자(뿌루샤)에게 여자(쁘라끄리띠)는 유용한 도구이지만, 그럼에도 대단히 위험한 도구라는 뿌리 깊은 생각이 있습니다.

『마누법전』이라고 들어봤어요? 고대 인도인들의 삶을 규정하는 규범을 담고 있는 문헌입니다. 2세기경에 만들어진 것입니다. 이미 여기에 우리가 남존여비 사상의 전형으로 여기는 삼종지도(三從之道)가 언급되고 있습니다. 여자는 늘 남자에게 복종해야 한다는 말이지요. "어려서는 아버지에 의하여 보호되고, 젊어서는 남편에 의하여 보호되며, 늙어서는 아들에 의하여 보호되어야 한다. 여자는 결코 독립에 적합하지 않다."(9: 2~3) 여자는 본질적으로 부정(不淨)하며, 선악을 분별할 수 있는 능력이 없으므로 언제나 남자에게 의존해야 한다는 것입니다.

남존여비의 비극은 여자를 본질적으로 에너지로 파악하고 있다는 사실에 있습니다. 시대와 장소에 따라서 그 형태와 개념에 다소의 차이가 있지만, 여자에 대한 기본 콘셉트는 에너지 곧 힘이라 할 수 있습니다. 이상적인 여성은 에너지, 특히 성적인 에너지를 풍부하게 지닌 여자라는 생각이 현저하지요. 고대 인도사회에서 이상적인 여자의 가장 중요한 기준은 '펑퍼짐한 둔부'와 '풍만한 가슴'이었습니다. 힌두교 사원 외벽의 부조를 통하여 볼 수 있는 여신 혹은 여자는 어김없이 그래요. 둔부와 가슴을 강조하고 있습니다.

'야하다'는 말은 '성적인 에너지가 풍부하다'는 말입니다. 고대 사회에서는 여자의 성적인 에너지가 다산(多産)과 관련되어 파악되는 경향이 있었습니다. 둔부가 펑퍼짐해야 아이를 많이 낳을 수 있고 유방이 발달해야 아이를 잘 기를 수 있다는 의미일 것입니다. 중세에 이르러서도 둔부와 가슴에 집착하기는 마찬가지입니다. 그러나 그 의미는 상당히 달라져 있지요. 에로티시즘이 개입됩니다. 히프와 유방의 발육이 좋은 여자는 정열적이고 성적인 여자라는 의미를 지니게 되는 겁니다.

풍만한 가슴과 히프에 집착하기는 요즘도 별반 다르지 않은 것 같아요. 여자를 바라보는 남자들의 눈은 말할 것도 없고, 여성들 자신도 여기에 매달립니다. 미인대회라면 여자는 으레 35-24-35 같은 숫자로 소개됩니다. 가슴과 히프 외에도 허리 사이즈가 그 중간에 끼여 있긴 해도, 그건 사실 부차적인 것입니다. 가슴과 히프가 중심이지요. 허리는 가슴과 히프를 강조하기 위한 들러리에 불과합니다. 허리가 잘록하지 않으면, 아무리 가슴과 히프가 풍만해도 잘 드러나지 않잖아요? 허리가 가늘어야 그 아래위가 강조되어 나타납니다.

고대인도의 이상적인 여인상. 풍만한 가슴은 다산 또는 풍부한 성적 에너지를 상징한다.

여자가 에너지로 또는 도구로 파악되는 비극은 남자와 여자를 완전히 다른 존재로 보는 시각에서 비롯된다 할 수 있습니다. 남자는 남자고 여자는 여자라는 것입니다. 남녀가 물과 기름처럼 서로 섞일 수 없는 완전히 다른 두 실체라는 시각이지요. 상키야(Sāṃkhya) 철학의 이원론이 바로 그렇습니다. 뿌루샤와 쁘라끄리띠를 완전히 다른 두 실체로 봐요. 여기에 문제가 있습니다. 상키야 철학의 근본문제는 두 원리의 관계를 설명하지 못하는 것입니다. 그 둘을 절대적으로 다른 것으로 보기 때문에 오는 난점입니다. 이 점은 인도의 다른 여러 철학파에게 단골로 비판되는 내용이기도 합니다.

딴뜨라, 힌두교의 꽃

후기 힌두교(7~8세기경)의 딴뜨라 전통에 이르면, 남자와 여자의 구분이 단지 상대적인 것에 불과하다는 인식이 뚜렷해집니다. 높이 평가할만한 통찰입니다. 딴뜨라(tantra)는 힌두교의 꽃이라 할 수 있지요. 특히 인간의 성(性)에 관한 이해라는 측면에서, 딴뜨라는 그 이전과 완전히 다른 양상을 보입니다. 차원이 전혀 달라요. 인도사회에서 여자의 지위가 급상승하는 것도 이 시기라 볼 수 있습니다.

여자는 여자이기 이전에 인간입니다. 남자도 마찬가지지요. 남녀의 구분은 마치 칼로 두부 자르듯 그렇게 나눌 수 있는 문제가 아니라는 거지요. 다만 '여성적인 인간' 또는 '남성적인 인간'이 있을 뿐이며, 100퍼센트 여자도 없고 100퍼센트 남자도 없습니다. 누구나 여자인 동시에 남자이며, 남자인 동시에 여자인 것입니다. 남자의 성기와 후골을 지녔다고 해서 그 사람이 100퍼센트 남자입니까? 여자도 마찬가지입니다. 여자의 성기와 유방을 지녔다고 해서 100퍼센트 여자는 아닙니다. 어떤 사람은 여성적인 속성이 많고 또 어떤 사람은 남성적인 속성이 많다는 차이가 있을 뿐입니다. 우리가 흔히 남녀의 구분에 보편적인 기준으로 생각하는 남자의 성기 또는 여자의 성기라는 것은 다만 남성적인 속성 혹은 여성적인 속성이 현저하게 나타나는 부분일 뿐입니다. 남녀의 구분에 대한 절대적인 기준일 수는 없는 것입니다.

인간의 영혼은 남성도 여성도 아니며 아이도 어른도 노인도 아닙니다. 칼 융에 따르면 인간의 에고(ego)는 아니무스(animus, 男)와 아니마(anima, 女) 모두를 지닙니다. 생리학적으로 볼 때도 남자의 몸에는 남성호르몬만 있는 게 아니라 일생동안 항상 일정량의 여성호르몬이 흐르고 있다 합니다. 여성의 경우도 마찬가지지요. 남성호르몬이 흐르고 있습니다. 물론 신체구조상 약간의 차이가 있기 때문에, 여성은 폐경기가 되면 갑자기 남성호르몬이 급증한다 합니다. 이때가 되면 여성들이 거세져요. 남편을 이기려 들지요.

이와 같이 남자 속에는 여자가 있고 여자 속에는 남자가 있는 것입니다. 그런데 지금까지 우리는 이 점을 무시해왔지요. 남자는 남자고 여자는 여자라고 가르쳤습니다. 남자는 남자다워야 하고 여자는 여자다워야 한다고 가르쳤습니다. 가능한 한 남자 속에 있는 여자는 무시되고 억눌려왔습니다. 슬픈 드라마를 보면서도 남자는 눈물을 보이지 말아야 한다고 강요되는 슬픈 역사가 있었지요.

여자 속의 남자도 마찬가지입니다. 여자는 아무리 우스운 장면을 보아도 입을 크게 벌리고 웃으면 남들이 흉봐요. 남자가 크게 웃는 것은 호탕한 것이 되지만, 여자가 크게 웃는 것은 방정맞은 것으로 간주되는 것이 지금까지 우리의 사고방식이었습니다. 서양의 경우에도 큰 차이가 없었던 것 같아요. 오십보 백보라고나 할까요.

인도 사람들의 이상적인 인간상은 우리와 달라요. 남녀가 결혼을 하여 가정을 이루고 남편과 아내가 조화를 이루는 것도 중요하지만, 그 이전에 우선 한 개체 속에 있는 남성과 여성이 어우러져 조화를 이룰 수 있어야 합니다. 남녀 양성을 동시에 구유(具有)한 인간이야말로 조화롭고 이상적인 인간입니다. 이런 점에서 보면, 남자다운 남자 혹은 여자다운 여자는 지양되어야 합니다. 남자는 이미 자신 속에 남성적인 요소가 압도적으로 많은 불균형 상태이기 때문에, 여성적인 요소를 일깨워 균형을 잡을 필요가 있습니다. 그래야 한 개체 속에 남녀가 조화를 이루는 균형 잡힌 인간이 될 수 있습니다. 여자의 경우는 그 반대가 되겠지요. 오히려 남성적인 측면을 두드려 일깨워줄 필요가 있어요.

이러한 전통은 특히 딴뜨라 전통에서 현저하게 나타납니다. 이들은 신이 남녀 양성을 동시에 지니고 있다고 믿기 때문에, 신의 창조물인 모든 남자와 여자 또한 이와 같다고 봅니다. 그러나 신의 경우에는 양성이 조화로운 상태에 있지만, 불완전한 인간의 경우에는 양성이 부조화 상태 또는 갈등 상태에 있다는 차이가 있습니다. 그래서

자웅동체로 묘사된 쉬바와 빠르바띠(Pārvatī). 힌두교의 삼신 가운데 하나인 쉬바와 그의 아내 빠르바띠가 일체를 이룬 형상으로 왼쪽은 남성, 오른쪽은 여성으로 묘사되어 있다.

이러한 갈등과 부조화를 제거하기 위하여 여러 가지 방법을 사용합니다.

예를 들어 샥띠(Śakti) 종파에서는 남자 수행자들이 자신은 남자일 뿐 아니라 또한 여자라는 것을 일깨우기 위한 종교의례를 행합니다. 여장을 하기도 하고 여자의 몸짓을 흉내내기도 합니다. 심지어 한 달에 한 번씩 여성의 생리를 흉내내기도 하지요. 이 기간 중에는 모든 종교적인 의무에서 제외됩니다. 가짜로 생리를 하는데도 생리휴가를 받는 셈이지요. 이상해요? 여러분 중에 혹시 라마끄리슈나(Ramakrishna)를 아는 사람 있어요? 없어요? 우리나라에도 이 성자의 어록이 번역, 소개된 적이 있는데, 근현대 인도의 대표적인 신비가입니다. 라마끄리슈나 역시 한때 여장을 하고 여자처럼 산 적이 있습니다. 여자 딴뜨라 수행자와 오랫동안 딴뜨라 수행도 했지요.

딴뜨라 전통에서는 남녀 간의 성교라는 것도 이런 의미를 지닙니다. 성교라는 게 뭡니까? 말 그대로 남녀가 성적으로 관계한다는 것인데, 이를 통하여 뭘 하자는 겁니까? 아이 낳자는 거라면 동물도 그건 합니다. 인간은 동물과 차원이 달라요. 단순히 쾌락을 얻자는 거라면 굳이 인도까지 갈 것도 없이 미아리 텍사스에서도 얼마든지 가능합니다.

딴뜨라 전통에서 섹스는 합일을 의미합니다. 합일은 완성이지요. 섹스는 몸을 매개로 남녀의 벽을 허무는 작업입니다. 마침내 너도 없고 나도 없는 무(無)로 떨어지는 순간, 그게 일어납니다. '나'의 상실을 통하여 무한을 체험한다고 할 수 있겠지요. 과연 이게 미아리 텍

까주라호 사원 외벽에 부조된 쉬바 빠르바띠.

사스에서 가능할까요? 안 가봐서 잘은 모르겠지만, 대개는 액체의 전이가 주(主)가 되는 그런 차원이 아닐까 생각합니다.

성욕은 식욕과는 다른 차원이지요. 욕구를 채운다는 점에서 같지만, 그 둘은 분명히 다른 차원에 있습니다. 섹스는 배가 고플 때 돈을 주고 햄버거를 사먹는 것과는 달라요. 햄버거를 먹는다는 것은 단지 내가 객관적인 대상을 소유하는 것에 지나지 않지만, 섹스는 나 이외의 다른 인격체와의 합일을 의미합니다. 이러한 합일은 적어도 누적된 상호 교감의 끝에서나 이루어질 수 있다고 봐야 합니다.

인도 전통에서 남녀의 합일은 좀 다른 의미를 지닙니다. 한 개체로

남녀의 합일, 이를 통한 너와 나의 소멸. 섹스가 인간에게 지니는 가장 중요한 의미 중 하나는 무화(無化)를 체험하게 한다는 것이다.

서의 남자와 한 개체로서의 여자의 합일이 아니라, 한 개체 속에 있는 남성과 여성의 합일입니다. 각 개인은 우주를 축소한 소우주이기 때문에 갈등과 부조화의 궁극적인 해소는 오직 각 개인 속에서 이루어져야 한다고 보는 게 딴뜨라의 가르침입니다. 성교는 자기 속에 잠자고 있는 다른 성을 일깨우기 위한 것이지요. 남자가 여자를 안고 있지만, 실은 안고 있는 여자가 목적이 아니라 자기 속에 잠자고 있는 여성을 흔들어 깨우는 것입니다. 성교를 통하여 일어나는 쾌락은 부산물입니다. 목적이 아니지요. 인간은 적어도 그걸 얻자고 성교를 하는 게 아닙니다.

사실 쾌락이라는 게 뭡니까? 그건 하나 될 때 일어나는 감정입니다. 쾌락이라는 말은 특히 육체적인 느낌과 관련하여 사용하지만, 따지고 보면 쾌락이든 기쁨이든 그 본질은 동일합니다. 정도의 차이는 있겠지만 합일의 순간에 느끼는 감정이 기쁨이고 쾌락입니다. 우선 '공감'이 있어야 합니다. 육체적인 자극이 있다고 해서 무조건 쾌락이 있는 건 아니잖아요? 육체적인 자극이라는 것도 자신이 좋아하는 감정과 느낌에 맞아떨어져야 쾌락이 있습니다. 똑같은 자극이라도 사람에 따라서 다른 느낌으로 나타날 수 있어요. 예를 들어 맨살을 채찍으로 맞는다는 것은 대단히 불쾌하고 고통스럽다는 게 보통 사람들의 느낌이지만, 영화에서 보면 그걸 즐기는 사람들도 있잖아요?

아무튼 정신적인 기쁨이든 육체적인 쾌락이든 우선 공감대가 형성되어야 있을 수 있다는 겁니다. 다시 말하여 '너'에게서 혹은 어떤 대상 속에서 '나' 혹은 나의 생각과 동질적인 것을 발견하게 될 때 기쁨이나 쾌락이 있습니다. 그러니까 기쁨이나 쾌락의 대상은 지극히 주관적인 측면을 지닙니다. 사람은 누구나 동질감을 느끼는 대상에 끌립니다. 예를 들어 어떤 여자가 끌린다는 것은 내 속에 있는 여자와 그 여자가 닮았다고 볼 수도 있습니다. 다른 사람들에게는 전혀 매력적이지 않지만 나에게는 무지무지 매력적일 수 있는 이유도 여기에 있지요.

'제 눈에 안경'이라고 그럽니까? 어떻게 보면 참 다행한 일입니다. 만일 끌리는 기준이 객관적이고 절대적이라면 아마 이 세상에는 시집 못 가고 장가 못 가는 사람들이 어마어마하게 많을 수도 있겠지요? 모든 남자들이 한 여자만 쳐다보고 모든 여자들이 한 남자만 쳐다본다면 어떻게 되겠어요? 너에게는 영 아닌데 나에게는 킹카로 보인다는 게 얼마나 다행입니까?

범아일여, 합일은 완성이다

이야기가 자꾸 샛길로 빠지고 있지요? 다시 원래의 주제와 합일합시다. 내가 지금 원래의 주제와 합일하자고 했는데, 이 말 속에는 '돌아간다'는 의미가 함축되어 있지요? 여러분도 느껴요? 분명히 합일이라는 말 속에는 돌아간다는 의미가 있습니다. 다시 말하여 원래 하나였는데, 둘로 나뉘었으니 다시 돌아가 원래의 하나가 되자는 겁니다. 전혀 무관한 둘 사이의 합일이라는 것은 무의미합니다. 그건 합일이 아닙니다. 고작해야 어정쩡한 절충 내지는 덧붙이는 것에 불과합니다.

그러니까 단지 남녀가 몸을 포갠다고 무조건 합일은 아니지요? 우선 서로 끌리는 감정이 있어야 합니다. 끌린다는 것은 동질감을 느낀다는 것이고, 끌리는 둘의 자연스런 만남을 통하여 합일이 있을 수 있어요. 합일은 절대로 강제적으로 일어날 수 없습니다. 자연스럽고 자발적이어야 합니다. 알다시피 사랑은 일방통행이 아니거든요. 설사 부부 사이라도 순간순간 자신의 감정에 충실할 필요가 있어요. 아무리 남편이 원해도 싫으면 '노' 할 수 있어야 해요. 여학생들 알겠어요? 싫은데도 마지못해 응한다면, 창녀와 다를 바가 없어요. 그건 미덕이 아니라 스스로 자신을 격하하고 짓밟는 비인간적인 행위지요. 여자는 결코 남자의 도구가 아닙니다. 여자이기 전에 하나의 인격체라는 사실을 분명하게 인식할 필요가 있어요.

이와 같이 합일이라는 것은 원래의 상태를 이룬다는 의미를 지닙니다. 말하자면 자신의 정체성을 회복해 가는 과정이라 할 수 있지요. 인도사상에서 말하는 해탈이라는 것도 마찬가지입니다. 우빠니샤드에서는 이른바 브라흐만(梵)과 아뜨만(我)의 합일을 해탈이라고 합니다. 여기서 그 둘의 합일이란 없던 것이 다시 생겨나는 게 아닙니다. 원래 그 둘은 하나였는데, 시작 모를 무지 때문에 마치 분리된 것으로 착각하는 것이 윤회 속의 인간이지요. 또한 수행을 통하여 그 본래의 상태를 깨닫는 것이 해탈이며 완성입니다.

공감 혹은 합일을 통하여 쾌락이나 기쁨을 추구한다는 것도 같은 맥락에서 이해될 수 있어요. 어떤 대상을 통하여 내 속에 잠재해 있던 속성들을 일깨운다는 의미를 지니지요. 예를 들어 어떤 노래가 좋다 또는 어떤 시가 기가 막힌다는 것은 그것이 자신 속에 잠재해 있는 미적 감각과 일치한다는 것을 의미해요. 일치를 느낄 때 기쁨이 일어나요. 기쁨이 일어난다는 것은 원래 자신의 상태를 회복하고 있다는 의미이기도 합니다.

인도 미학에서는 미적 감각의 절정을 흔히 '아난다'(ānanda, 歡喜)라고 합니다. 그건 존재인 동시에 인식입니다. 이 세상에서 우리가 겪는 모든 기쁨과 쾌락은 결국 아난다의 다른 차원입니다. 역으로 우리는 이를 통하여 아난다의 상태로 나아갈 수 있지요. 아난다는 브라흐만과 아뜨만의 합일에 있다고 합니다. 딴뜨라에서는 그 둘의 합일이 남녀의 성교를 통하여 구체화된다고 봅니다. 우빠니샤드의 범아일여(梵我一如)는 딴뜨라에서 남녀의 성교로 나타나는 셈이지요.

우리는 지금 소프트웨어의 시대를 살아가고 있습니다. 철기시대는 지났지요. 딱딱한 하드웨어의 시대는 이미 물밑으로 가라앉고 있다는 말입니다. 하드웨어의 시대가 힘과 정복의 시대였다면, 소프트웨어의 시대는 조화와 균형의 시대라 할 수 있습니다. 힘으로 밀어붙이는 일방통행이 아니라 상호교감을 통한 합일이 요구되는 시대입니다. 이것 아니면 저것으로 양단하던 이성의 시대에서 이것과 저것이 원융무애(圓融無碍)하는 감성의 시대로 돌입하고 있어요. 역사적으로 이성과 감성은 각각 남성과 여성과 관련지어 생각해왔잖아요? 흔히 남자는 이성적인 데 비하여 여자는 감성적이라는 것입니다. 여자가 단지 위험한 도구로 전락하는 배경에도 이런 생각이 깔려 있었어요. 감성은 이성의 통제 아래 있어야 한다는 생각은, 여자는 남자의 지배 아래 있어야만 안전하다는 생각으로 치환됩니다.

그러나 오늘 강의에서 이야기한 것처럼, 남자와 여자의 구분이란 지극히 상대적인 것에 불과합니다. 단지 남성적인 측면이 강한 인간과 여성적인 측면이 강한 인간이 있을 뿐입니다. 남자이고 여자이기 전에 똑같은 인격체라는 말입니다. 여러분이 알다시피 지금까지 인류 역사는 지나치게 남성중심적이었어요. 당연히 전쟁과 정복이 가장 중요한 관심사일 수밖에 없었어요.

남자는 남자고 여자는 여자라는 생각은 결국 남자는 남자다워야 하고 여자는 여자다워야 한다는 생각으로 연결됩니다. 존재에 대한 판단은 당위의 문제를 결정하는 근거가 되는 건 당연해요. 이성적인 사람은 감정이 정나미가 떨어지고 감성적인 사람은 딱 부러지는 데가 없는, 그런 절름발이 인간을 양산해 온 것도 이런 생각과 무관하지 않습니다. 한 사람 속에 여자와 남자가 조화를 이룰 때 균형 잡힌 인간이 되는 것처럼, 한 사람 속에 이성과 감성은 균형을 유지할 필요가 있지요. 사실 지극히 이성적인 사람만이 지극히 감성적일 수 있습니다. 한 개인 속에서 그 둘은 변증법적인 발전을 한다고 볼 수 있지요.

소프트웨어의 시대에는 남성보다 여성이 더 중요하다고 볼 수 있습니다. 여자들의 세상이 된다는 말이 아니에요. 남자든 여자든 모든 사람이 지니고 있는 여성성이 남성성보다 더 중요해진다는 것입니다. 부드러운 것이 딱딱한 것을 이긴다는 거지요. 노자(老子)는 이미 옛날에 이런 통찰을 했지요. 여성의 중요성이 강조되고 있다는 것은 요즘 우리 주변에 몸이 뜨고 있다는 것만 봐도 알 수 있어요. 우리는 지금 몸에 대한 담론이 어느 때보다도 풍성한 시대에 살고 있어요. '몸학(學)'이라는 말이 있을 정도잖아요?

어떤 시대 또는 어떤 사회든 몸에 대한 시각은 곧 여성에 대한 시각과 일치합니다. 몸에 대한 생각이 부정적이면 여성에 대한 시각도 당연히 부정적입니다. 요즘 우리 사회에서 몸에 대한 생각은 옛날과 많이 달라졌지요? 몸을 무조건 억제하고 옥죄는 것만이 능사가 아니라는 생각이 팽배합니다. 오히려 적극적으로 긍정하는 편이지요.

몸에 대한 긍정은 곧 여성에 대한 긍정입니다. 문제는 몸과 여성에 대한 긍정이 단지 지난날 억눌렸던 측면의 반발이라는 차원에 머무르면 곤란하다는 것입니다. 반발은 또 다른 반발을 부르게 마련이기 때문이지요. 남성상위 또는 여성상위라는 입장이 아니라 조화와 균형이라는 점에서 남녀의 문제를 접근할 필요가 있습니다.

「밴디트 퀸」이라는 인도 영화에서는 여자 산적두목도 있던데요?

지금까지 우리나라에서 인도에 관한 영화가 여러 편 상영되었지만, 우리나라 사람들에게 가장 오랫동안 기억되는 인도 영화는 아마 「밴디트 퀸」이 아닌가 합니다. 내가 고등학교 시절에 보았던 「간디」

라는 영화는 인도 사람이 만든 영화가 아닙니다. 주연배우도 영국인이지요.「밴디트 퀸」은 한때 인도 안에서는 상영이 금지되었던 영화입니다. 그만큼 인도 사람들에게는 파격적인 내용을 담고 있다는 말이겠지요.

이 영화는 풀란 데비(Phulan Devi)라는 여성의 실화에 근거한 내용입니다. 남성중심의 통념이나 카스트 제도에 대한 도전적인 메시지를 전하고 있지요. 풀란 데비는 산적 여두목이었을 뿐만 아니라, 나중에 하원의원에 출마하여 당선되기도 합니다. 카스트 제도가 여전히 통용되는 인도사회에서 하층천민 출신의 여자가 하원의원이 된 것은 그야말로 파격적인 사건이었지요. 소 한 마리, 자전거 한 대에 팔려 시집간 슈드라(Shudra) 소녀가 하원의원이 된 것입니다. 물론 십수 년 동안 인도 수상을 지낸 인디라 간디(Indira Gandhi) 같은 여성도 있습니다만, 풀란 데비와는 경우가 달라요. 인디라 간디는 인도의 초대 총리를 지낸 네루(Jawaharlal Nehru)의 무남독녀였습니다. 풀란 데비는 그야말로 지극히 예외적인 경우입니다.

말이 나온 김에 인도 영화 이야기를 좀더 하겠습니다. 인도가 영화대국이라는 것을 아는 사람은 그리 많지 않은 것 같아요. 영화 하면 우선 할리우드를 떠올리는데, 할리우드의 이미지는 인도같이 가난한 나라와는 잘 어울리지 않는다고 생각하기 때문입니다. 다리를 꼬고 앉은 요기, 명상, 길거리의 거지들이 지니는 이미지는 확실히 할리우드 스타들의 화려함과는 어울리지 않는 점이 있지요.

영화 대국 인도

어떤 기준으로 보나 인도는 영화 대국이라 할 만합니다. 매일 지구상에서 상영되는 영화 네 편 가운데 한 편은 인도 영화라는 말이 있을 정도로 엄청난 숫자의 영화가 제작됩니다. 관객의 수도 엄청나지요. 통계에 따르면 인도 사람 열 명 중 한 명은 매주 극장에 갑니다. 인도 인구를 대충 십억 명 정도로 잡는다 해도, 일주일에 천만 명의 관객이 극장으로 몰리는 셈이지요. 관객 백만 명을 동원하는 영화는 아무것도 아니고, 심지어는 전국적으로 천만 명 이상의 관객을 동원하는 영화도 자주 있습니다.

이와 같이 인도에서 영화가 많이 만들어지고 관객도 엄청난 것은 결코 이 사람들이 영화광이어서가 아닙니다. 또는 경제 사정이 넉넉해서 문화생활을 즐기는 사람들이 많아서도 아닙니다. 이유는 다른 데 있어요.

우선 극장 말고는 달리 갈 만한 곳이 없습니다. 내가 첸나이에서 공부하던 시절에 수시로 극장을 드나들었던 것도 이런 이유였던 것 같아요. 물론 영화를 보면서 현지어나 영어를 익힌다는 알량한 핑계도 있긴 했지요. 인도에는 우리처럼 적당히 풀어질 수 있는 곳이 없어요. 포장마차도 없고 노래방도 없습니다. 어쩌면 영화는 인도 사람들의 유일한 즐길거리라 해도 과언이 아닐 것입니다. 심지어는 구걸로 끼니를 해결하는 길거리 사람들도 극장에 갑니다. 영화 관람료가 무지 싼 것은 사실입니다. 재미있는 것은 같은 영화라도 자리에 따라

영화「밴디트 퀸」의
포스터.

서 요금이 다른데, 스크린에 가까운 자리일수록 쌉니다. 제일 뒷좌석은 발코니석이라고 하여 앞좌석보다 서너 배 정도나 비쌉니다.

단순히 관람료가 싸거나 갈 곳이 없기 때문에 또는 할 일이 없기 때문에 극장으로 몰리는 것만은 아닙니다. 무엇인가 끌리는 게 있기 때문에 가지요. 재미가 없다면, 강요된 것이 아닌 이상 그렇게 많은 사람들이 극장으로 몰릴 수는 없을 겁니다.

영화가 다른 매체에 비하여 특히 재미있는 것은 무엇보다도 고도의 사실성을 지닌다는 점에서 그 이유를 찾을 수 있을 것입니다. 다시 말하여 비록 스크린에 비치는 것은 손에 잡히는 현실이 아니라 할지라도, 영화는 카메라와 영사기를 통하여 사실을 아주 상세하게 재현시킬 수 있어요. 이렇게 재구성되어 탄생되는 현실은 관객에게 친근감을 주고 매력적일 수 있습니다. 물론 기록영화가 아닌 다음에야 영화 속의 이야기가 현실 그 자체일 수는 없어요. 그렇지만 영화가 그려내는 사실성이 다른 어떤 매체보다 더 정교하다는 것은 분명합니다.

물론 무조건 있는 그대로의 현실을 세밀하게 그려낸다는 것만으로 관객들이 흥미를 느끼는 것은 아닙니다. 오히려 영화의 재미는 관객들의 현실이 아니라 그들의 생각과 일치할 때 웃기도 하고 눈물을 짜기도 하는 것입니다. 여기에 영화는 현실을 있는 그대로의 기록을 넘어서서 허구가 가미되어야 하는 이유가 있는 것입니다. 이와 같이 영화는 항상 허구와 사실 사이를 오갑니다.

내가 보기에 인도 영화는 있을 법한 허구가 아니라, 얼핏 보아도 말짱 허구인 영화가 대부분입니다. 엉성한 구성과 스토리 전개, 현실성이 결여된 갑작스런 국면 전환 등등 너무한다는 생각이 들 때가 많아요. 영화 자체에 전혀 리얼리티가 없다는 것은 우선 사람을 지루하게 만들어요. 세 시간 동안이나 계속되는 영화 한 편을 처음부터 끝까지 지켜보기가 어려울 지경이지요.

영화의 허구성과 마야

똑같은 영화를 보면서도 인도 사람들은 달라요. 영화에 열광합니다. 몰입한다는 말이 맞을 것입니다. 영화를 보러온 사람들은 보는 것으로 만족하지 않습니다. 영화에 동참해요. 영화는 마당극도 아니고 굿판도 아니잖아요? 그런데도 사람들은 화면에 비치는 배우들과 함께 박수치고 노래가 나오면 따라하고 심지어는 춤추는 장면이 나오면 일어서서 몸을 흔들어대기도 합니다. 영화의 내용 자체가 관객들이 동참하게 하는 점도 있어요. 스토리의 전개에 꼭 필요하지 않더라도 중간중간에 그룹 댄스가 필수적으로 등장합니다. 때로는 도무지 영화라고 해야 할지 무용이라고 해야 할지 또는 뮤직비디오의 한 장면이라고 해야 할지 분간이 안 갈 때도 있어요. 인도 사람들은 특히 이 장면을 좋아합니다.

이와 같이 인도 영화에 허구성이 짙은 것은, 인도 사람들이 현실보다는 비현실적인 허구에 더 큰 매력을 느끼기 때문이 아닌가 합니다. 이는 현실에 대한 좌절과 체념이 내세에 대한 집착을 부르는 것과 마찬가지지요. 영화를 보면서 숨 막히는 고통의 현실을 되뇌기보다는 차라리 현실과는 완전히 동떨어진 이야기가 훨씬 재미있을 수 있다는 것입니다. 현실에 대한 불만족이 클수록 비현실적인 영화가 사람들을 끌어들이는 매력을 지니게 되지요.

사고방식의 차이도 상당히 작용합니다. 사실 허구냐 아니냐 하는 기준은 지극히 주관적이고 상대적일 수밖에 없어요. 다시 말하여 내 눈에는 얼토당토 않는 허구로 보일지라도 다른 사람들에게는 그럴듯한 허구로 보일 수도 있으며, 반대로 나에게는 지극히 사실적인 것으로 보여도 다른 사람들이 보기에는 뻔한 허구일 수도 있다는 말입니다.

　사실 인도 사람들의 사고방식 속에는 우리가 살고 있는 세계를 실재하지 않는 환영(幻影)으로 보는 시각이 뿌리 깊어요. 우리가 눈으로 보고 손으로 만지는 현실세계는 참으로 실재하는 것이 아니라 마야(māyā, 幻)일 뿐이라는 것이지요. 따라서 영화 속의 이야기가 허구인 것과 마찬가지로 세계 또한 마야입니다. 영화 속의 세계나 지금 우리가 살고 있는 현실세계는 똑같이 마야라는 점에서 그야말로 오십보백보입니다.

　확실히 영화와 마야는 통하는 점이 있습니다. 영화가 끝나고 극장을 나오면 영화 속의 모든 장면들은 존재하지 않잖아요? 이와 마찬가지로 우리가 내 자신과 세계의 진정한 본질을 깨닫게 되면 세계는 원래 존재하지 않는 것입니다. 그것은 마야에 지나지 않는다는 말입니다. 스크린에 비치는 영화 속의 장면들이 실재하지 않는 것과 마찬가지로 세계 또한 허상일 뿐이지요. 그러나 극장에서 영화를 보고 있는 중에는 영화 속의 세계가 곧 실제적인 현실로 느껴지는 것처럼, 우리가 이 세계에서 무지 가운데 있는 한은 세계도 실재하는 것처럼 보입니다.

　마야는 두 가지 기능을 지닙니다. 하나는 본래의 진면목을 감추는 것이고, 다른 하나는 그것을 다른 모습으로 투영하는 힘이지요. 예를 들어 우리가 어두컴컴한 헛간에서 새끼줄을 뱀인 줄 알고 화들짝 놀라는 경우가 있잖아요? 이때 새끼줄을 뱀으로 둔갑시켜 보이게 하는 힘이 바로 마야입니다. 그 결과로 생겨나는 뱀 또한 마야입니다. 불

뉴델리 중심가 극장 앞.

을 밝히면 그것은 뱀이 아니라는 게 금방 드러나지요? 금방 보았던 뱀이 참으로 있는 것이 아니라는 것을 알게 됩니다. 그런데도 그것이 우리를 놀라게 하고 움찔 뒷걸음치게 했잖아요? 이 점에서 그 뱀은 우리에게 어떤 의미를 지니는 것이며 완전히 허무맹랑한 것은 아닙니다.

이와 마찬가지로 영화 속의 일들은 비록 허구라 할지라도, 그것을 보고 사람들이 슬퍼하고 기뻐하는 것은 말짱 허구가 아닙니다. 영화를 통하여 받은 감명과 느낌은 비록 영화가 끝나고 바깥으로 나간다 해도 여전히 남아 있어요. 이런 점에서 영화의 허구성은 우리에게 의미를 지닙니다. 현실 속에서는 전혀 불가능한, 영화가 아니고서는 도저히 맛볼 수 없는 가슴 뭉클한 감명도 있어요. 뿐만 아니라 영화의 허구는 현실 이상의 새로운 차원에 대한 비전을 보여준다는 점에서 의미가 크지요.

그러나 영화의 허구성은 마야가 그런 것처럼, 본래의 참모습을 감추고 그것을 왜곡된 다른 모습으로 나타나게 하는 위험을 안고 있습니다. 허구이기 때문에 오히려 현실의 진솔한 면면을 볼 수 있게 하는 매체가 될 수 있는가 하면, 다른 한편으로는 그것이 허구이기 때문에 현실을 은폐하고 왜곡할 수 있는 가능성을 지니는 것입니다. 이런 점에서 영화의 허구는 현실과 비슷한 허구이기 때문에 근사(近似)한 것일 수 있는 반면에, 또한 사이비(似而非)일 수도 있는 이중성을 지닙니다.

7

몸, 거룩함에 이르는 사다리

우리 삶 속에는 오직 몸을 통해서만
이룰 수 있는 일들이 많습니다. 몸을 토대로 이루어지는
세속의 삶은 불완전한 자아가 스스로를 단련하는 것입니다.

고향은 마음이 뿌리내린 곳

날씨가 덥지요? 근래에 들어 여름이 무척 길어진 느낌입니다. 상대적으로 겨울이 짧아지고 봄가을은 거의 느끼기 어려울 정도로 순식간에 지나가요. '봄은 느끼기도 전에 저만치에 있다'는 시적 발상이 아니에요. 겨울도 이전같이 춥지 않아요. 내가 어릴 적만 해도 무척 추웠던 것 같아요. 물론 그때는 겨울에 입는 옷이 요즘과는 비교되지 않을 정도로 보잘것없었지요. 그렇기 때문에 아마 똑같은 날씨라도 더 춥게 느껴졌을 수도 있을 겁니다. 그러나 꼭 그런 것만은 아닌 게 분명해요.

지난해도 겨울에 고향에 갔었는데, 이젠 겨울 내내 강이 얼지 않아요. 어린 시절 겨울이면 으레 '수케토'(스케이트) 타고 팽이 치던 그 얼음판을 볼 수가 없어요. 누님이 빨래를 이고 강으로 나갈 때면, 나는 어깨에 도끼를 메고 따라갔지요. 우선 도끼로 얼음을 깨야 누님이 빨래를 할 수 있었거든요. 그런데 요즘에는 그 강이 얼지 않아요. 이러다가는 겨울이 없어지는 게 아닐까요?

"선생님, 질문 있는데요."
"무슨 질문인가?"
"선생님은 강의 시간에 고향 이야기를 자주 하시는데, 고향이 어디세요?"

두보(杜甫)의 시 중에 '저두사고향'(低頭思故鄉)이라는 구절이 있어요. 대충 '고개 숙여 고향을 생각한다'는 의미가 되겠는데, 잘 알려진 것처럼 두보는 이백(李白)과는 달리 매우 불행한 삶을 살았지요. 늘 객지를 떠돌아다니는 나그네였습니다. 두보가 시성(詩聖)이라면 이백은 시선(詩仙)이지요. 이백의 시가 호방하다면 두보의 시는 절제미가 돋보인다는 게 일반적인 평입니다. 나이를 먹을수록 옛날에 읽었던 두보의 시가 자주 생각나요. 아마 나도 그만큼 객지 생활이 많았다는 이야기일 수도 있습니다. 이미 고등학교 다닐 때부터 부모 곁을 떠나 있었으니까요. 아무튼 요즘 나는 '고개 숙여 고향을 생각한다'는 두보의 시구를 떠올리는 경우가 잦습니다. 강의 시간에 가끔 내가 고향을 언급하게 되는 것도 이런 이유가 아닌가 생각합니다.

고향은 지도상의 어느 곳이라기보다는 마음이 뿌리내린 곳이라 할 수 있어요. 식물에만 뿌리가 있는 게 아니지요. 사람에게도 뿌리가 있어요. 화분에 키우는 나무는 분갈이를 하면 '몸살'을 합니다. 새로운 흙에 적응하기 위한 몸부림이지요. 흙과 뿌리의 투쟁입니다. 넓은 화분에 옮겨 심는다는 것은 더욱 좋은 환경으로 이사하는 것이지만, 옮겨 심고 나면 한동안 시들시들하고 앓아요. 다시 뿌리를 내려야 하는 아픔이 있기 때문이지요. 사람도 마찬가지입니다. 이사를 해보면 우리도 나무처럼 뿌리가 있다는 걸 느껴요. 나무가 분갈이 몸살을 하는 것처럼, 사람도 '이사 몸살'을 합니다. 사람에게 고향은 특별한 의미를 지닙니다. 아무리 시공간적으로 멀리 이사를 해도 늘 따라

다니는 화분이라고나 할까요. 죽는 날까지 갈아치울 수 없는 화분이 곧 고향입니다. 누구 자기의 고향을 바꿀 수 있는 사람 있어요? 아무도 없습니다. 선택의 문제가 아니라 주어지는 것이기 때문입니다. 운명이지요.

아까 고향이 어디냐고 물었지요? 내가 태어난 곳이 울진이라는 곳이니까 내 고향은 그곳이라 할 수 있겠지요. 내가 초등학교, 중학교를 다닐 때만 해도 울진하면 무장공비가 특산물이었어요. 한꺼번에 백여 명의 무장공비들이 출몰하는 바람에 무장공비가 울진의 얼굴이 된 셈이지요. 송강 정철의 「관동별곡」에 나오는 망양정, 월송정은 뒷전이 된 지 오랩니다. 내가 태어나고 자란 곳은 울진 읍내가 아니라 평해, 그중에서도 성골이라는 첩첩산중입니다. 앞에 호장산, 뒤에는 삼산봉, 아무튼 바라지문을 열고 내다보면 온통 보이는 게 산뿐이었지요. 그때 우리 동네에 일곱 아니면 여덟 가구 정도가 있었는데, 지금도 대(代)가 달라졌을 뿐 집주인은 그대로입니다. 나이든 어른들은 모두 '아제'(아저씨)고 '아짐'(아주머니)이었습니다. 요즘의 친척 이상이었지요.

요즘 울진에 가보면 이미 그곳은 내 고향이 아니라는 생각이 들어요. 차라리 고향은 내 마음속에 있다고 하는 편이 옳을 것입니다. 이런 생각이 드는 첫 번째 이유는 아마 그곳에 어머니가 없다는 점 때문일 것입니다. 고향은 곧 어머니거든요. 고향집이 있던 자리에는 양옥이 들어섰지요. 큰형이 살아요. 아이들하고 자치기도 하고 딱지치기도 하던 골목은 내 기억 속의 골목과는 전혀 달라요. 차라리 서먹

서먹해요. 구불구불하던 골목이 시멘트로 포장되고, 집집마다 마당에는 달구지 대신에 고급 승용차가 버티고 섰지요. 그래서 최근에는 일부러 고향 가는 걸 피하고 있는 중이지요. 고향 사람들은 "너 왜 고향 안 오냐?"고 묻지만, 차라리 고향을 마음속에 그냥 묻어 두는 게 좋다는 생각이 듭니다. 이러다가도 문득 가고 싶은 생각이 들면 또 가게 될 겁니다.

몸이 뜨는 이유

시간이 벌써 많이 갔네? 날씨 이야기를 하자는 게 아니었는데, 고향 타령은 또 왜 나왔지? 오늘 아침에는 몸 이야기를 할까 합니다. 춘하추동을 느끼고 춥고 더운 걸 느끼는 몸뚱어리를 좀 생각해 볼까 해요. 뜬금없이 무슨 몸뚱어리냐, 그런 생각이 들어요? 학기 초에 나누어 준 강의계획서에도 없는 내용이지요? 오늘 아침 지하철 속에서 생각한 주제라 그렇습니다. 사람이 차를 타고 있는 게 아니었어요. 마치 짐짝처럼 적재(積載)된 사람들, 아니 몸들 사이에 끼인 내 몸을 보면서, '오늘 주제는 이거'라고 마음을 굳혔지요. 살과 살이 맞닿는 것은 아니지만, 아무튼 서로의 몸을 밀착하고 있는 '지옥철' 속에서는 내가 철저하게 '몸사람'이라는 걸 느끼기에 충분했습니다.

그렇잖아도 요즘 우리 주변에는 몸에 대한 담론이 많습니다. 몸과 관련된 책도 많이 보이고, 학술 세미나도 잦습니다. 그야말로 사회 전반에 몸이 화두로 떠오르고 있는 게 확실해요. 전에 없던 이런 관심은 먼저 예술 분야에서 감지되었다고 볼 수 있어요. 학술적인 차원에서 몸이 거론되기 시작한 건 아주 최근의 일이지요. 이런 점에서 보면 확실히 시대의 흐름과 징후를 정확히 짚어내는 것은 나 같은 먹물들이 아니라 예술가들이라는 생각이 들어요. 예술가들의 시대적인 감수성은 철학자들의 이성에 한발 앞서 있습니다.

전에는 시인들이 예언자라는 생각이 들었는데, 요즘에는 오히려 만화가나 영화 제작자들이 예언자가 아닌가 하는 생각이 들어요. 철학자들은 항상 뒷북이나 치지요. 시대를 예견하고 사회를 주도해나가는 것이 아니라, 이미 현실이 된 사건들을 분석하고 따지는 게 고작입니다. 그것도 제대로 못해요. 그러니까 철학이라는 학문이 인기가 없어요.

학계에서는 인문학이 죽는다고 아우성인데, 사실 누가 죽여서 죽는 게 아니에요. 스스로 죽어가는 것입니다. 요즘 지방대학을 가보면 철학과는 존폐가 의심스러울 정도로 심각해요. 학생들이 안 와요. 마지못해 교양철학을 듣는 학생들은 철학(哲學)이란 그야말로 차갑고 정나미가 떨어지는 '쇠붙이를 다루는 학문'(鐵學)쯤으로 생각해요. 문제가 심각합니다.

예술계든 학계든 아무튼 요즘 우리 사회 전반에 현저한 몸에 대한 관심은 주목할 만한 충분한 가치가 있습니다. 이 물렁물렁한 몸뚱어리가 철학에서 다시 논의되기 시작했다는 것은 확실히 의미심장해요. 플라톤 이래 철학의 영역에서 끝없이 밀려나기만 했던 게 몸이잖아요? 몸은 거론할 가치조차도 없는 애물단지쯤으로 생각했거든요.

까주라호(Kajuraho) 사원 외벽의 부조. 남녀교합(마이투나)상이 빼곡하게 돋을새김되어 있다. 전통적으로 힌두교 사원에서는 성에 대한 솔직한 표현이 터부시되지 않았다.

그러던 것이 이제 다시 철학적 논의의 영역으로 들어온다는 것입니다. 특히 컴퓨터 네트워크의 등장으로 사이버 공간이 요즘 사람들에게 초미의 관심사라 할 수 있는데, 몸이 학술적 논의의 중심 주제로 거론된다는 것은 곰곰이 생각해 볼 필요가 있어요. 사이버 공간과 몸은 서로 대척점에 있는 주제라 할 수 있잖아요? 알다시피 사이버 공간에는 몸이 끼어들 여지가 없어요. 사이버 공간은 탈 물질화, 탈 육체화를 추구해온 플라톤 형이상학의 절정이라고 보는 사람들도 있습니다. 이런 마당에 그 둘이 함께 관심사가 되고 있는 것입니다.

요즘 들어 몸이 뜨고 있는 데는 이유가 있어요. 무엇보다도 우리 사회가 소비와 레저 중심의 사회로 바뀌었다는 점을 들 수 있을 것입니다. 이제 사람들은 아끼고 절제하는 것을 미덕으로 생각하지 않아요. 내가 어릴 적만 해도 마을회관 담벼락에 붙는 표어와 포스터의 주제는 건설 아니면 절약이었던 걸로 기억합니다. 물론 간첩신고하자는 표어도 많았지요. 무장공비가 특산물인 울진이었으니까요. 그러나 요즘에는 달라요. 아무리 시골이라도 식량증산이니 저축이니 하는 구호는 보기 어려워요.

즐길 수 있을 때 즐기자는 것이 신세대들의 생각인 것 같습니다. 여기에는 도시와 시골 구분이 없어요. 몸이 뜨는 것도 이런 사고방식의 연장이라 할 수 있지요. 몸을 억제하고 옥죄는 것만이 능사가 아니라는 생각이 사회 전반에 팽배해 있지요. 과거와 연결되고 미래와 이어져 있는 마음보다는, 지금 여기에 충실하기를 원하는 몸의 욕구에 따르는 게 요즘 사람들입니다.

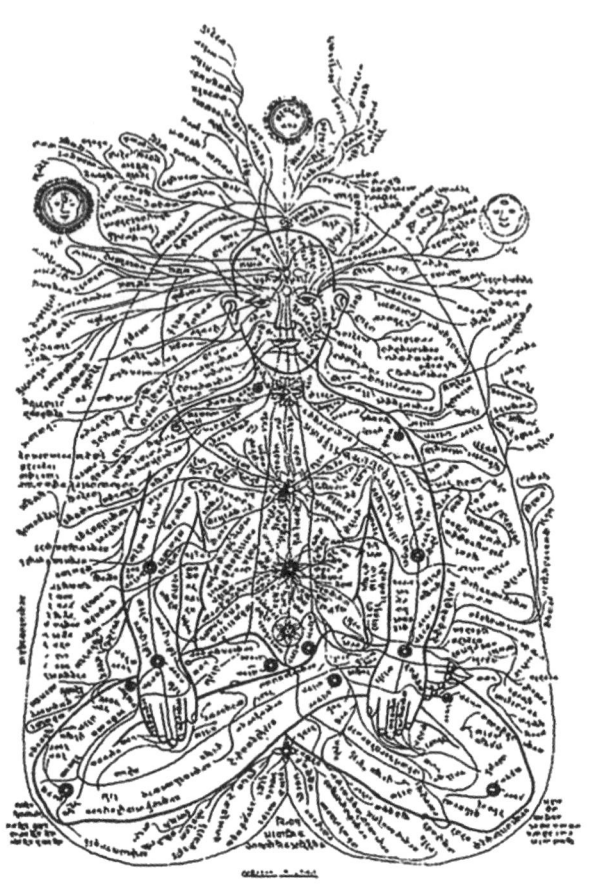

짜끄라와 나디(nāḍi, 氣가 흐르는 통로)를 중심으로 그린 기체(氣體). 요가에서 몸은 크게 육체, 기체, 심체로 나누어진다.

페미니즘 운동의 확산도 몸에 대한 관심을 높이는 데 일조했습니다. 전 시간에 말한 것처럼, 동서양을 막론하고 여성은 물질 혹은 질료로 이해되어 왔기 때문에, 여성 자신에 대한 관심은 몸에 대한 관심으로 나타날 수밖에 없어요. 페미니즘 운동은 지금까지 남성 중심의 사회가 어떻게 여성의 몸을 학대하고 억제해 왔는지, 그리고 상업광고나 포르노그래피에서 어떻게 여성의 몸이 오도되고 있는지를 보여주었습니다. 물론 이러한 일들은 몸 자체가 아니라 여성의 지위가 관심사였지만, 결과적으로는 몸에 대한 관심을 불러일으키는 요인이 되었다고 볼 수 있어요. 사실 지금도 상업광고를 보면 여성, 정확히 말하자면 여자의 몸이 도구로 이용되는 장면들이 많아요.

몸에 대한 관심이 높아진 것은 과학기술의 발달에서도 그 원인을 추적해 볼 수 있습니다. 특히 인공장기의 개발을 들 수 있는데, 이것은 이제 더 이상 '신체발부(身體髮膚)는 수지부모(收之父母)'라는 사고방식을 불가능하게 만들었지요. 심지어는 심장도 갈아 끼우잖아요? 돈이 좀 들긴 하지만, 턱뼈를 깎고 성형수술을 하면 못생긴 얼굴도 감쪽같이 바꿀 수 있는 게 오늘의 현실입니다. 어느 정도 자기의 정체가 달라지는 거지요. 이렇게 되니까 사람들이 '도대체 몸뚱어리라는 게 뭔가?' 하는 의문을 품게 되는 건 당연합니다.

이와 같이 사회 일반에서는 관심도 많고 의문도 많지만, 대답은 아직 시원찮아요. 이러한 물음에 대한 학술적인 차원의 성과라는 게 그저 그렇다는 이야기입니다. 사실 우리나라의 경우에는 이에 대한 논의 자체가 아직 시작 단계에 있다고 봐도 무방해요. 서양에서는 비교적 오래전에 이미 이 문제가 논의되어왔습니다. 미셸 푸코를 위시하여 노르베르트 엘리아스, 인류학자 메리 더글라스, 어빙 고프먼 같은 '몸 학자'들이 있었지만, 내가 보기에는 논의의 본질 자체가 서양적인 사유의 틀로는 접근하기 어려운 한계를 지니는 것 같습니다. 이점은 몸에 대한 관심과 논의가 활발해지는 과정에서 분명히 나타나고 있지요. 몸과 마음 또는 감성과 이성이라는 이분법이 사정없이 무너지고 있다는 것입니다.

알다시피 몸과 마음에 대한 이분법적인 사고는 서구 사유의 기본 골격이라 할 수 있는데, 이러한 이분법에 서 있는 한, 몸의 의미는 제대로 파악될 수 없습니다. 이것은 남성과 여성의 구분을 상대적인 것으로 보지 않는 한, 여성의 지위나 의미가 왜곡될 수밖에 없는 한계를 지니는 것과 같은 이치지요. 몸과 마음을 이분법적으로 구분하고 서로 대립되는 것으로 파악할 때, 인간의 의미와 가치는 몸에서 독립된 마음에만 속하는 것으로 간주됩니다. 그러면 몸이 무의미한 것으로 전락하는 건 시간문제지요. 우선 몸과 마음을 연속체로 파악할 필요가 있어요. 그래야 몸이든 마음이든 그 의미가 제대로 들어와요.

몸과 마음이 이분법적으로 파악될 때, 몸이 외계의 사물과 동일시되는 건 당연한 귀결입니다. 그러나 생각해 보면, 몸은 분명히 다른 사물과는 다른 무엇인가 있어요. 일반적으로 우리는 '내 책상' 또는 '내 연필'이라고 말하는 것처럼, '내 몸' 또는 '내 손'이라고 말하잖아요. 이와 같이 '나'와 몸의 관계가 '나'와 책상의 관계처럼 소유관계로 파악되는 게 분명하지만, 그럼에도 몸은 그밖의 다른 객관적 대상에서 인식하는 관계와는 다른 의미를 지닙니다. 다시 말해서, 내가 나의 몸을 대상으로 또는 소유관계로 인식하는 것은, 내가 나의 책상과 의자를 나의 대상 또는 소유로 인식하는 것과는 차원이 다르다는 것입니다. 내가 밥을 먹기 위하여 손을 사용한다는 것은, 내가 풀을 베기 위하여 칼을 사용하는 것과는 분명히 달라요. 칼로 풀을 벨때는 우선 칼을 도구로 의식하는 과정이 있지요. 그런 다음에 그것을 집어서 사용하잖아요? 그러나 손으로 밥을 먹는 경우에는 손을 도구로 의식하며 사용하지는 않습니다. 몸은 분명히 일반적인 사물과는 다른 차원입니다. 그렇다고 나 자신도 아닙니다.

몸은 해탈의 터전

전통적으로 인도 사람들은 몸과 마음을 연속체로 봅니다. 그 둘의 구분은 단지 상대적인 것일 뿐이지요. 몸 따로 마음 따로가 아닙니다. 외적인 마음이 몸이고 내적인 몸이 마음이라는 것입니다. 이 문제를 좀더 상세하게 따져 볼까요?

우빠니샤드에서는 인간을 다섯 겹(kośa)의 동심원으로 파악하고 있습니다. 제일 바깥에는 '음식으로 된 나'(annamayakośa)가 있어요. 이것은 물질적인 몸이라 할 수 있는데, 외부 세계의 물질적인 대상들을 경험하고 향수하는 역할을 합니다. 그 안쪽에 '생기로 된 나'(prāṇamayakośa)가 있습니다. 여기에는 일반적으로 호흡과 신경계통이 포함된다고 볼 수 있지요. 다시 그 안쪽에 '의근(意

根)으로 된 나'(manomayakośa)가 있고 이보다 내밀한 곳에 '식(識)으로 된 나'(vijñānamayakośa)가 있습니다. 이 두 겹은 우리가 흔히 마음이라고 부르는 층입니다. 그리고 가장 안쪽에 '환희로 된 나' (ānandamayakośa)가 있어요. 환희로 된 나의 본질에 대해서는 견해가 다소 엇갈립니다. 인간의 참된 진아 그 자체라고 보는 견해와, 단지 진아를 둘러싸고 있는 껍질에 불과하다는 견해로 양분됩니다.

아무튼 이 다섯 겹은 서로 분리되어 있는 것이 아니라, 유기적으로 관련을 맺고 있다는 점에서, 우빠니샤드의 인간 이해는 서양의 심신 이원론과 완전히 달라요. 다시 말하여 가장 바깥에 있는 물질적인 몸은 의식 또는 더 나아가서 자아 그 자체와 연속적이라는 것입니다. 몸에는 마음이 반영되어 있어요. 몸에는 마음이 스며있다는 겁니다. 기분이 나쁘면 얼굴에 나타나잖아요? 몸에는 그 사람의 내적인 의식이 반영되어 있습니다. 몸은 그 사람의 내적인 성향과 수준에 대한 외적인 표현으로 간주될 수 있지요. 인도 사람들의 사고로 보면 음식으로 된 나로부터 적어도 식으로 된 나에 이르기까지 인간의 심신은 본질적으로 동일해요. 모두가 물질적입니다. 이 문제는 좀 복잡하지만, 간단히 말하자면 물질적인 몸이든 마음이든 모두 쁘라끄리띠라는 근본물질에서 나온다고 봅니다. 물질적인 몸과 마음의 차이는 본질적인 것이 아니라, 단지 얼마다 더 미세한 물질로 이루어져 있는가 하는 상대적인 차이에 불과합니다.

이미 말한 것처럼, 몸이 마음과 별개가 아니라 연속적인 것으로 파악될 때, 몸은 비로소 그 본래의 의미를 지닐 수 있습니다. 몸은 부정

남인도의 정식. 식당에 들어가 자리를 잡으면, 접시 대신 바나나 잎을 가져다준다. 컵의 물을 몇 방울 떨어뜨려 손을 헹구고 나면 밥, 삼바, 라쌈, 달 등이 차례로 나온다.

되고 배척되어야 할 '똥통'이 아니라, 그것은 거룩함에 이르는 사다리가 돼요. 요가가 의미를 지니는 것도 몸과 마음이 연속적이기 때문입니다. 몸 따로 마음 따로라면, 다리를 꼬고 앉는다는 것이 마음에 어떤 결과를 가져올 리 만무하잖아요? 그 둘이 서로 관련을 지니기 때문에 몸을 제어하면 이에 상응하는 마음의 결과를 얻을 수 있는 것입니다. 심호흡을 하면 자연히 마음이 가라앉아요. 그렇지요? 마음이 급해지면 자신도 모르게 숨이 가빠와요. 몸과 마음이 별개가 아니라는 증거입니다.

몸이 긍정적인 의미를 지닌다고 해서, 그것이 어느 경우든 항상 그렇다는 건 아닙니다. 단지 부정적인 것으로만 파악되어서는 안 된다는 의미지요. 좀더 정확히 말한다면 몸은 긍정적일 수도 있고 부정적일 수도 있는 양면성을 지닌다고 봐요. 그 자체로는 부정적인 것도 아니고 긍정적인 것도 아닙니다. 그것을 어떻게 굴리느냐에 따라서 결과가 전혀 달라질 수 있어요. 요가로 몸을 제어하여 삼매를 맛볼 수도 있지만, 우리 주변에는 몸뚱어리 잘못 굴려서 패가망신하는 예도 많잖아요? 그야말로 굴리기 나름이지요. 문제는 지금까지 지나치게 몸을 부정적인 것으로만 보아왔다는 것입니다. 특히 종교가 그랬어요.

그러나 힌두교는 좀 다릅니다. 대개 사람들은 힌두교 하면 요가와 명상 또는 초월과 신비주의를 생각하기 쉽지만, 따지고 보면 힌두교만큼 경험을 중요시하는 종교도 없어요. 궁극적으로 해탈을 추구하지만, 해탈이란 반드시 죽어서 이루는 게 아닙니다. 몸을 가진 산 사람도 얼마든지 해탈을 얻을 수 있다고 봐요. 또한 해탈의 추구는 철저하게 세속의 삶을 터전으로 합니다. 청빈을 권하는 종교도 아닙니다. 어느 기간까지는 돈을 벌고 경제적인 기반을 다지는 과정을 매우 중요하게 여깁니다. 물론 그것은 궁극적으로 버리기 위한 것이지만 말입니다. 인간의 적나라한 욕망을 모른 체 하지도 않아요. 남자와 여자가 만나서 결혼을 하고 아이를 낳아 대를 잇는 과정을 통하여, 지지고 볶고 싸우는 감정의 세계를 있는 그대로 체험하라 합니다. 그 속에서 욕망의 실체를 지켜보라는 것입니다. 단순히 욕망을 포기하는 것이 아니라, 욕망 속에서 욕망을 초월하는 방법을 가르쳐요.

붓다의 고행상. 붓다는 선정으로 깨달음을 얻기 전에 6년 동안 고행을 한 것으로 전해진다. 이 상은 피골이 상접한 모습의 석가모니를 사실적으로 그려내고 있다.

이와 같이 힌두교가 세속의 삶을 부정하지 않을 뿐 아니라, 오히려 그것을 해탈에 이르는 사다리로 이해하는 것은, 몸과 마음을 연속적인 것으로 보는 사고방식과 관련을 지닙니다. 몸과 마음이 연속적인 것으로 파악될 때, 세간과 초세간은 별개가 아니라 연속적인 것으로 이해될 수 있지요. 이와 같이 몸에 대한 입장은 체화된 삶, 나아가서는 현상 세계 전체에 대한 형이상학적 견해와 직결됩니다.

힌두교의 입장에서 볼 때, 몸은 윤회의 결과인 동시에 윤회의 원인이 됩니다. 윤회의 원인은 업 때문인데, 업은 체화된 인간의 행위에 그 원인이 있어요. 다시 말하여 몸을 지닌 사람으로 태어났다는 것은 이미 이전의 업이 결과를 나타낸 것이지만, 또한 몸을 지닌 사람은 업을 짓는 원인이 된다는 것입니다. 업이 없다면 몸을 지닌 내가 있을 수 없고, 몸을 지닌 내가 없다면 업도 없다 해야 합니다. 이런 점에서 보면 몸은 분명히 부정적인 의미를 지녀요. 그렇지만 몸은 또한 업을 끊고 윤회에서 벗어나는 유일한 도구가 된다는 점에서 중요한 의미를 지닙니다. 몸을 토대로 이루어지는 세속의 삶은 불완전한 자아가 스스로를 단련하는 곳입니다.

요즘 우리 주변에 몸에 대한 관심이 높아지고 있다는 것은 여러 가지 의미로 이해될 수 있을 것입니다. 지금까지 억눌렸던 것의 반발이라는 측면도 있고, 알량한 장삿속이 이를 부추기는 점도 있겠지요. 그러나 어떤 점에서 보면, 몸이 뜨는 중요한 이유는 현재 우리의 몸이 제 기능을 하지 못하기 때문이 아닌가 하는 생각이 듭니다. 가만히 생각해 보면, 몸이라는 것은 그것이 제대로 기능하고 있는 동안에는 의식되지 않습니다. 예를 들어 내가 눈으로 어떤 대상을 보고 있을 때, 나는 눈을 의식하지 않아요. 그러다가 혹 눈에 이상이 생겨 사물이 침침하게 보인다든가 이상한 모양으로 굴절되어 보인다든가 할 때, 눈의 존재를 의식합니다. 그때서야 비로소 눈의 중요성을 깨닫게 되지요. 평소에는 잘 몰라요. 오늘 우리에게 몸이 화두로 떠오르는 것도 이런 이유가 아닐까 생각해요. 우리 몸이 본래의 구실을 제대로 못하고 있다는 반증이라는 것입니다.

 더 알고 싶은 인도

인도에는 신의 이름을 가진 사람이 많다고 하던데요

내가 마드라스 대학에서 공부할 때, 같은 수업을 듣는 친구들 가운데는 벵까떼슈와라, 마하데바, 쉬바링가, 수브라만야, 락슈미, 라다 등등 힌두교 신화에 나오는 이름을 지닌 학생들이 많았어요. 처음에는 상당히 어색했어요. 친구를 "쉬바" 하고 부르기가 쉽지 않았거든요. 물론 우리가 좋은 의미의 한자를 합성하여 이름을 짓는 것처럼, 인도 사람들도 범어 단어 중에서 좋은 의미를 지니는 말을 이름으로 사용하기도 해요. 그래도 상당수는 신의 이름에서 따옵니다. 이런 전통은 남인도에서 훨씬 강합니다.

인도 사람들이 아이의 이름을 신의 이름에서 따오는 것에는 종교적인 이유가 있습니다. 힌두교 전통에 따르면, 어떤 사람의 내생을 결정하는 가장 중요한 요소는 죽음의 순간에 어떤 생각을 하느냐 하는 것입니다. 만일 죽음의 순간에 신을 생각하고 신의 이름을 부르면서 죽는다면 좋은 곳에 태어난다고 믿어요. 그러나 그게 말처럼 쉽지 않습니다. 죽음이라는 것은 예고 없이 그야말로 몰래 숨어드는 도둑처럼 찾아오잖아요? 또한 감당하기 어려운 고통을 동반하지요. 따라서 평소에 늘 준비되어 있지 않는 한, 죽음의 순간에 신의 이름을 부른다는 것은 쉬운 일이 아닙니다.

 신의 이름으로 아이의 이름을 짓는 것은 죽음의 순간에 저절로 신의 이름을 부를 수 있다는 생각에서 생겨난 민간신앙입니다. 누구나 죽을 때는 본능적으로 자식의 이름을 부르게 되지요. 자식의 이름을 부르면서 곧 신의 이름을 부르게 되니 저절로 좋은 곳에 태어날 수 있게 된다고 믿는 것이지요. 『스리마드바가바탐』(*Śrimad Bhāgaratam*)이라는 경전에는 평소에 사악한 짓을 일삼던 아자밀이 죽는 순간에 아들 나라야나를 생각하며 누웠다가 해탈을 얻는 장면이 나옵니다. 나라야나(Nārāyana)는 비슈누(Vṣṇu)신의 다른 이름이기도 합니다.

 사람의 이름뿐만 아닙니다. 사람이 만든 물건의 이름도 신의 이름을 따서 짓는 경우가 많아요. 예를 들어 몇 년 전에 인도에서 개발한 사정거리 2,500킬로미터 장거리 미사일의 이름은 아그니(Agni)였습니다. 사정거리 250킬로미터 지대지 미사일은 쁘리스비(Pṛthvī)였지요. 아그니는 베다에 나오는 불의 신이며, 쁘리스비는 땅의 신입니다. 북한에서 개발한 미사일이 로동1호, 로동2호로 이름이 매겨지는 것과는 사뭇 다른 정서를 느낄 수 있지요? 인도에서는 모든 것이 종교와 관련을 지닌다는 것을 실감하게 하는 대목이기도 합니다.

그러면 이름이란 뭐냐? 이름이란 대개 자기 정체를 확인하는 도구로 사용됩니다. 모르는 사람을 만날 때 우선 통성명부터 하잖아요? 여러 사람 앞에 자기를 소개할 때 맨 먼저 자기의 이름을 말하는 것도 같은 이유입니다. 법정에서 판사가 피고에 대한 신문을 시작할 때 이름을 확인하는 것도 그만큼 이름이 자기의 정체를 드러내는 중요한 수단이기 때문입니다.

이름이 자기를 알리는 중요한 수단이라는 것은, 바꾸어 말하면 그것은 또한 다른 사람이 자기를 알 수 있는 중요한 수단이라는 것입니다. 누구에게 나를 알린다는 것은 곧 나의 정체성의 확장을 의미해요. 이름을 통하여 나를 알린다는 것은, 나의 정체성이 이름에 실려 상대방에게 침투되는 것이지요. 나의 이름이 열 사람에게 알려져 있을 때보다는 백 사람에게 알려질 때, 나의 정체는 그만큼 확장된다고 봐도 무방해요. 아무튼 이름은 자기의 정체성을 실어 나르는 중요한 수단임에 분명합니다.

이름에 반영된 집단 정체성

정체성 또는 자기 동일성은 연속성을 생명으로 합니다. 연속성이 사라지면 정체성도 사라지지요. 대개 이름이 평생 동안 자기와 함께 하는 것도 그런 이유입니다. 이름이 자주 바뀌면 이름으로 자기의 정체를 실어 나를 수 없게 됩니다. 쉽게 혼동이 일어나지요. 한 학급에

동명이인이 있을 때 혼동이 일어나는 것과 마찬가지지요.

　이와 같이 사람의 이름은 평생을 함께 하는 것이지만, 정작 자기의 의사와는 무관하게 결정됩니다. 그것은 내가 결정하고 선택하는 것이 아니라, 주어진다는 것입니다. 이름은 대개 부모 또는 부모를 대신한 어떤 사람이 지어주잖아요? 이런 전통은 아버지와 아들 또는 앞 세대와 뒤 세대 간의 연속성이 확보된다는 점에서 중요합니다. 다시 말하여 이름을 자기 스스로 짓는 것이 아니라 아버지가 지어준다는 것은 아버지의 생각과 의지가 자녀에게 자연스럽게 흘러 들어가는 과정이라는 것입니다.

　이름을 통하여 부모의 정체성이 자녀에게 확장되는 과정에서 부모의 뜻과 바람이 자녀에게 전해집니다. 따라서 자녀의 이름에는 부모의 바람이 직접적으로 반영되어 나타나는 경우가 많아요. 이름은 단지 부르자고 짓는 것이 아닙니다. 이름처럼 되라는 소망의 표현일 수 있다는 말입니다. 예를 들어 내가 우리 아이에게 '다솔'이라는 이름을 지어준 것은, 아이가 다부진 소나무처럼 야무지고 옹골찼으면 하는 나의 바람이 있었기 때문이지요. 부모의 바람이 보다 노골적으로 반영된 이름도 있어요. 요즘 이야기는 아니지만, 내가 어렸을 적에 우리 동네에 '둘레'라는 아이가 있었습니다. 딸을 내리 다섯을 낳은 후에 여섯째 딸에게 주어진 이름입니다. 딸만 낳던 것을 돌려서 이제는 제발 아들을 낳으라는 뜻에서 둘레라는 이름을 지었다고 해요. 둘레 동생은 정말 아들이었어요.

　지금까지 사용하던 이름을 갑자기 버린다는 것은 일종의 죽음입니다. 자기 정체성의 단절이지요. 새로운 이름으로 새로운 정체를 만들어나간다는 의미예요. 흔히 종교 전통에서 어떤 중요한 시기에 새로운 이름을 받는 것도 이런 이유입니다. 가톨릭 신자가 세례명을 받는 것이나, 불교에서 출가하면서 법명을 받고 속명을 버리는 것은 이전의 자기 정체를 완전히 잘라버리고 새로운 삶을 시작한다는 의미입니다. 법명을 받는 것은 어떤 점에서 삭발 이상의 의미를 지닙니다.

보통사람들이 이름을 바꾼다는 것도 마찬가지입니다. 자기의 정체를 일시에 바꾸려는 시도라고 봐도 무방해요. 속된 말로 이름을 바꾸어 팔자를 바꾸자는 것이지요. 일제시대에 창씨개명을 강요했던 것도 사람들의 정체를 송두리째 바꾸어버리려는 시도였습니다. 한국 사람이 일본식 이름을 가진다는 것은, 상투를 자르는 것이나 일본식 옷을 입는 것과는 전혀 다른 차원입니다. 한국 사람이 일본 사람으로 다시 태어난다는 의미예요.

요즘 우리는 특별한 경우가 아니면 평생 동안 하나의 이름으로 끝나는 게 대부분입니다. 그러나 우리 조상들은 한자 이름과 함께 중국의 관습에 따라 여러 개의 이름을 가지는 게 일반적이었어요. 유년 시절에는 아명을 썼고, 관례(冠禮) 후에는 관명을 사용했지요. 아호나 당호를 쓰는 경우도 많았습니다. 아호는 요즘 우리 주변에서도 흔히 볼 수 있습니다. 나도 자주 쓰는 편은 아니지만 어떤 선생님으로부터 아호를 하나 받았습니다.

사람은 자기 동일성만 지니는 것이 아니라 변화의 측면도 지닙니다. 따라서 한 개인의 정체성이라는 것도 늘 한 모습으로 있는 것이 아니라고 본다면, 일생 동안 굳이 하나의 이름만 고집할 필요는 없을 것 같습니다. 사람이 돌멩이가 아닌 이상 정체성이 고정 불변일 수는 없잖아요? 분명히 변화의 측면을 지닙니다. 서른 살의 나는 다섯 살 적의 나와 동일한 연속성을 지니지만 또한 분명히 다른 면도 있어요. 얼굴도 달라져 있고 키도 많이 자랐잖아요? 외모만 변하는 게 아니라 생각도 변합니다. 따라서 이에 걸맞은 이름을 보태나가는 것도 괜찮을 것입니다. 물론 너무 많은 아호를 사용하면 곤란하겠지요? 정체성에 혼동이 생기기 때문입니다.

사람의 이름은 지극히 개인적인 것입니다. 이런 특성 때문에 이름은 사람마다 다른 것이 보통이지요. 특별히 어떤 이름이어야 한다는 강제가 있을 수는 없습니다. 물론 이름을 짓는 데 완전히 자유로운 것은 아닙니다. 돌림자를 따라야 하는 경우도 있고, 다섯 자 이상의 이름이나 지정된 한자 이외의 한자가 들어가는 이름은 법으로 금지되기도 합니다. 그러나 이름을 짓는 것은 지극히 사적인 영역에 속하는 일이며, 그런 만큼 누구의 간섭도 불허합니다.

그렇지만 동시대의 동일한 문화권에서 사는 사람들의 이름은 큰 틀에서 벗어나지 않습니다. 집단 무의식을 공유하는 집단정체성이 있기 때문일 것입니다. 우리가 어떤 사람의 얼굴이나 나이, 성별을 몰라도 이름만 들으면 대충 짐작할 수 있는 것도 이런 이유 때문입니다.

이름도 유행을 타는 것을 보면, 집단 정체성이라는 것도 개인의 정체성과 마찬가지로 시대에 따라 달라진다는 것을 알 수 있습니다. 분명히 사람들의 이름은 그 시대상을 반영하는 점이 있어요. 해방 직후에는 일본식 이름의 흔적이 보이는 이름이 여전히 많았던 것 같아요. 순자, 영자, 미자는 모두 그런 유의 이름입니다. 순 한글 이름이 유행하다가 요즘에는 다시 한자 이름으로 회귀하는 경향이 뚜렷해요. 의상이나 헤어스타일이 복고적으로 흐르는 것과 마찬가지인 것 같습니다.

이름과 사이버 공간의 아이디

요즘 젊은이들 사이에는 아호와는 전혀 다른 의미의 이름이 유행입니다. 이메일이나 사이버 공간의 아이디(ID)가 바로 그것입니다. 통신 아이디는 컴퓨터 네트워크 속에서 자기의 정체를 실어 나른다는 점에서 분명히 이름의 일종입니다.

통신 아이디가 지니는 가장 큰 특징 중의 하나는 지나치게 이미지 중심적이라는 것입니다. 우아하고 깊은 함축적인 의미의 이름이 아니라, 우선 강한 이미지를 형성할 수 있는 문자나 부호들로 이루어진 이름이 대부분입니다. 두 번 생각하게 하는 이름은 이미 낙제라고 봐도 무방해요. 단번에 어필할 수 있는 이름이 아니면 수많은 기호와 이미지의 바다에 익사하지 않으리라고 아무도 보장할 수 없기 때문입니다. 10000ju, Moon5Sun 등 도무지 이름 같지 않은 아이디도 많아요. 지금은 많이 익숙해졌지만 얼마 전까지만 해도 이런 아이디를 접하면, 좀 미안한 이야기지만, 이건 도무지 지구인들의 이름이라는 생각이 들지 않을 정도였지요.

이와 같이 통신 아이디가 단지 강하게 어필할 수 있는 이미지에 매달리는 것은, 그것이 부모나 다른 사람들에 의하여 주어지는 것이 아니기 때문인 것 같아요. 아이디는 부모가 주는 것이 아니라 본인이 직접 만들기 때문에 그렇다는 것입니다. 통신 아이디 속에는 이전 세대가 녹아 있지 않습니다. 이전 세대와 연속성도 없어요. 그래서 기상천외하고 도무지 종잡기 어렵지요. 그래도 가만히 들여다보면 나름대로의 경향이 있기는 해요. 아무리 아무런 제약 없이 제멋대로 만들 수 있는 것이 통신 아이디라 해도, 그것이 이름인 한 여전히 자기의 정체성을 실어 나르는 것입니다. 따라서 어떤 형태로든 자기의 냄새와 맛을 반영하지 않을 수 없지요.

통신 아이디는 그 환경이 사이버 공간이라는 점에서, 다시 말하여 실제 공간에서 사이버 공간으로 자기 정체성을 확장한다는 점에서 특별한 의미를 지닙니다. 통신 아이디를 지닌다는 것은 삼차원 공간이 아닌 사이버 공간에 다시 태어난다는 의미지요. 그것은 실제 이름에 비하여 훨씬 익명성이 높은 것도 사실입니다.

이와 같은 자기 확장이 우리를 어떻게 변화시킬지는 아직 미지수입니다. 그러나 분명한 것은 우리가 흔히 아호를 하나 보태는 것과는 전혀 다른 차원의 변화를 가져온다는 것입니다. 어쩌면 자기 정체의 이중성으로 나타날 수도 있습니다. 만일 그렇다면 통신 아이디는 자기 정체성의 확장이 아니라, 오히려 자기 정체성의 혼동을 야기할 수도 있어요.

   이러한 위험은 사이버 공간이 지니는 익명성 때문에 더욱 심각해집니다. 사이버 공간에서는 자기의 이름에 대한 책임이 덜하잖아요? 실제의 자기를 숨기고 다른 인물로 행동할 수도 있으며, 때로는 현실에서는 행하기 어려운 무책임한 행동을 아무 거리낌 없이 행하기도 합니다. 통신 아이디는 누가 "나의 이름을 걸고 맹세한다" 해도 믿기 어려운 한계가 있습니다. 어떻게 보면 사람의 이름이란 말 그대로 이름일 뿐일 수도 있지만, 그럼에도 사람의 이름은 결코 유명무실한 게 아닙니다. 심지어는 죽은 후에도 자신의 정체를 실어 나르는 게 이름입니다. 이름은 단지 부르자고 있는 것이 아니라, 각자 자기를 책임지자고 있는 것입니다.

8
접촉과 접속

깊이는 어둠에 있습니다. 우주 만물은
어둠 속에서 싹을 틔웁니다. 기가 막혀 앞이 캄캄할 때
문득 피안으로 통하는 문이 열릴 수 있습니다.

몸으로 닿는다는 것의 의미

지난 시간에는 몸에 대한 이야기를 했습니다. 그날 집으로 돌아가면서 지하철 안에서 곰곰이 생각해봤어요. 평소에도 차를 타고 사람들을 만나지만, 왜 유독 복잡한 지하철 속에서 내가 몸사람이라는 것을 떠올리게 됐느냐? 그건 결국 접촉이 있었기 때문입니다. 사방팔방으로 몸을 맞대고 있었거든요. 이렇게 보면 우리가 자신의 몸을 의식하는 것은 접촉을 통해서가 아닌가 생각해요. 평소에는 그다지 몸을 의식하지 않지만, 지하철 안에서처럼 내 몸이 다른 사람들의 몸과 접촉할 때, 자신의 몸을 의식하게 됩니다.

생각해 보면, 우리의 오관 가운데 촉각은 좀 특별합니다. 시각이나 청각 또는 후각과는 분명히 다른 점이 있어요. 촉각은 시각과 가장 대비되는 특징을 지닙니다. 우리의 오관 가운데 시각은 가장 빠른 시간 안에 가장 많은 정보를 획득할 수 있게 해주는 감관입니다. 이에 비하여 촉각은 가장 느리고 굼뜨지요. 외계 대상을 촉각으로 아는 것은 적어도 피부가 닿아야 가능하지만, 시각은 그렇지 않아요. 시력에 문제가 없다면 이삼백 미터 바깥에 있는 사물도 인식할 수 있습니다.

확실히 촉각에 비하여 시각은 빠르고 정확하다고 할 수 있습니다. 예를 들어 내가 오늘 아침 이 강의실에 들어와 여러분을 한번 눈으로 쓰윽 둘러보면, '아, 대충 이백여 명이 와 앉아 있구나' 하는 것을 순식간에 알 수 있습니다. 그러나 만일 내가 눈으로 여러분을 인식할 수 없다면, 어때요? 시각 이외의 다른 감관에 의존할 수밖에 없잖아요?

만일 촉각에 의존해야 한다면 느리고 굼뜨기가 이만저만이 아닐 것입니다. 만일 내가 여러분을 손으로 일일이 더듬어 확인해야 한다면, 아마 출석 부르는 데만 한 시간 이상 걸릴 겁니다. 설사 한 시간 이상 걸려서 출석을 부른다 해도 강의실에 있는 학생의 숫자와 개개인의 신분을 정확하게 파악하기는 힘들 것입니다. 결석한 친구를 대신하여 대답하는 학생들이 있는 것처럼, 눈으로 보지 못하는 내 앞에 두 번 세 번 와서 만져보라고 한다 해도 A라는 학생과 B라는 학생을 정확히 구분해내기가 쉽지 않을 것입니다.

이렇게 보면 우리가 눈으로 볼 수 있다는 사실이 얼마나 고마운지 알겠지요? 물론 시각과 촉각 외에도 미각이나 후각 또는 청각이 있지만 빠르기와 정확성에서 시각을 따라갈 수 없습니다. 촉각보다는 낫겠지만 시각보다는 느리고 불편한 점이 많아요. 청각으로 여러분을 확인하는 게 그래도 쉽겠지요? 점잖지 못하게 코를 킁킁거리며 여러분을 일일이 냄새 맡아볼 수도 없고, 그렇다고 일일이 혀로 맛볼 수도 없잖아요?

이와 같이 촉각은 다른 감관에 비하여 느리고 굼뜨지만, 굼벵이도 구르는 재주가 있다고, 촉각은 그 나름대로 독특한 특징을 지닙니다. 촉각은 지속력이 가장 길다는 특징이 있어요. 느리고 굼뜨기 때문에 그야말로 '암중모색'해야 하는 어려움이 있지만, 다른 감관에 비하여 지속력이 굉장히 깁니다. 사실 이 점에서도 촉각은 시각과 가장 큰 대조를 이룹니다. 시각은 오관 가운데 지속력이 가장 짧아요. 눈으로 보아 인식한 것은 그 잠재인상이 금방 사라진다는 것입니다. 서양 속담에 '눈에서 사라지면 마음에서도 사라진다'는 말이 있지요? 아마 여러분들이 중고등학교에 다닐 때, 영어 문법책에서 본 말일 것입니다. 'Out of sight, out of mind', 기억나요? 같은 공간에서 늘 보지 않으면, 마음에서도 점점 멀어진다는 이야기입니다.

시각에 비하여 촉각은 지속력이 무지무지 긴 편입니다. 우리의 오관 가운데 지속력이 가장 긴 것은 촉각입니다. 손으로든 몸으로든 한 번 만져본 것은 마음속에 오래갑니다. 두고두고 잊히지 않는다는 겁니다. 눈으로 보는 게 아니라 몸으로 닿는다는 것의 의미는 바로 이런 것입니다.

왜 사랑하는 사람끼리 몸으로 닿고 싶어 하는지 이제 알겠어요? 몸으로 닿고 싶다는 것은 오래도록 지속되고 싶다는 것입니다. '눈은 마음의 창'이라 하기도 하고, 눈길만 마주쳐도 불꽃이 일어나는 사랑도 있겠지만, 그건 상당히 시적이고 추상적인 사랑입니다. 남자가 여자를 사랑하면, 또는 여자가 남자를 사랑하면 만져보고 싶은 게 당연지사지요. 만져보고 싶다는 것은 오래 지속하고 싶다는 것입니다. 금방 끝나버리기를 원한다면, 그게 어디 사랑이라 할 수 있어요? 사랑한다면 영원하기를 바라게 마련이며, 영원하기를 원한다면 몸으로 닿아 그 느낌을 오래도록 지속하고 싶어 한다는 것입니다.

사물의 경우도 마찬가지입니다. '만져보고 싶다'는 것은 오래도록 지속하고 싶다는 욕구의 표현입니다. 아무거나 만져보고 싶은 생각이 들어요? 그렇지 않지요? 마음에 드는 것만 만져보고 싶잖아요?

예를 들어 박물관이나 전시장 같은 데서 보면, 흔히 '만지지 말 것', 또는 좀더 무게 잡아서 '촉수금지'(觸手禁止)라는 경고성 문구를 볼 수 있는데, 이건 전시되고 있는 물건이라는 것은 만져보고 싶은 생각이 들게 한다는 방증입니다. '좋다'는 생각이 들면 사람이든 사물이든 만져보고 싶은 욕구가 일어나는 게 당연하지요. 왜냐? 좋다는 느낌을 오래도록 간직하고 싶어 하기 때문입니다. 좋다는 게 뭡니까? 기쁘다는 것입니다. 사람이라면 누구나 기쁨을 추구하잖아요? 싫은 것을 만져보라 하면 달아나는 것도 같은 이유입니다. 싫다는 것은 불쾌하다는 것인데, 그걸 만져서 싫은 느낌을 오래도록 지속하고 싶은 사람은 없겠지요? 그러니까 달아나는 것입니다.

이와 같이 촉각은 우리의 오관 가운데 지속력이 가장 긴 특징을 지닙니다. 따라서 '몸으로 닿고 싶다'는 생각이 드는 대상과 '닿는 건 질색'이라는 생각이 드는 대상의 차이는 결국 닿는 대상과 나의 관계가 오래 지속되기를 원하는가 그렇지 않은가에 따른 것입니다. 처음에는 눈으로 하던 사랑이 손을 잡는 관계로 발전하고, 나아가 몸과 몸이 닿는 관계로 변해가는 것은 두 사람의 관계가 영원하기를 바라는 마음의 반영입니다. 반대로 복잡한 지하철 안에서처럼, 모르는 사람끼리 꼼짝없이 몸을 밀착하고 있는 것이 괴로운 것은, 몸을 맞대고 있는 사람들과 나의 관계가 이와는 다르다는 것입니다. 굳이 몸을 닿아 오래 간직할 감정이나 느낌이 없다는 것입니다. '너는 너고 나는 난데 왜 서로 닿아야 하는가', 이런 생각이지요. 싫다는 건 내 생각과 일치하지 않는다는 것을 의미합니다.

이 관계를 다른 측면에서 접근해볼 수도 있습니다. 다시 말하여, 마음이 끌리면 몸을 닿고 싶어 하는 감정이 일어나는 게 사실이지만, 반대로 몸이 닿으면 마음이 가까워지는 경우도 있어요. 몸이 마음을 따라가기도 하지만, 마음이 몸을 따라가기도 한다는 것입니다. 물론 이 둘 중에서 마음이 먼저라 해야겠지만, 현실적으로는 마치 닭과 계란의 관계처럼 아주 모호한 구석이 있어요. 따지고 보면 몸과 마음이 따로 있는 게 아니지요. 이 둘의 구분 역시 상대적이라 해야 합니다. 전에도 말했지만, 가장 바깥에 있는 마음이 몸이고 가장 안에 있는 몸이 마음이라 할 수 있거든요. 마음이 끌리니까 피부접촉을 원하게 되겠지만, 또한 분명한 것은 피부접촉이 잦아질수록 친근감도 강해진다는 것입니다. 이 둘은 서로 변증법적인 발전을 해간다고 볼 수 있을 것입니다.

사람과 사람의 관계가 '가깝다'는 것은 마음이 가깝다는 의미로 받아들일 수 있지만, 또한 몸도 가깝다는 의미가 됩니다. 마음이 가까우면 몸이 가깝고, 몸이 가까우면 마음도 가까워야 정상입니다. 만일 그렇지 않다면 두 사람의 관계는 파행적인 관계에 불과하다고 봐도 무방해요. 몸 따로 마음 따로라면 절름발이 관계라 볼 수 있지요. 예를 들어 어떤 남자가 사창가에서 돈으로 여자를 산다면, 그 여자에게 몸은 가깝게 다가갈 수 있겠지만, 마음은 전혀 아닐 것입니다. 반대로 요즘 유행하는 가상공간에서의 관계를 통하여 어떤 두 사람이 마음으로 통하고 사랑을 나눈다면, 여기에는 몸을 통한 접촉이 불가능하기 때문에 역시 반쪽 사랑에 불과하다고 볼 수밖에 없어요. 가상공간의 진정성 문제는 조금 있다가 다시 생각해 봅시다.

가만히 생각해 보면, 사람과 사람의 관계는 흔히 촉각과 관련된 말로 표현하는 경우가 많아요. 예를 들어, 우리는 흔히 '관계가 껄끄럽다' '냉랭한 관계' '대인관계가 매끄럽다'는 표현을 쓰는데, 이러한 표현들은 사실 촉각과 관련을 지닙니다. 알다시피 '껄끄럽다' '매끄럽다' '냉랭하다'는 것은 촉각을 통하여 파악하는 지각의 내용입니다. 이것은 사람과 사람의 관계에서 그만큼 촉각이 중요하다는 것을 의미한다고 볼 수 있습니다. 사실 사람과 사람의 친밀한 관계에서 스킨십이 중요하다는 건 어제 오늘의 이야기가 아니지요? 그러나 왜 스킨십이 중요합니까? 그건 우리의 오관 가운데서 지속력이 가장 긴 것은 촉각이기 때문입니다. 이해하겠어요? 가까워야 할 사이라면 몸을 닿아 확실하게 가까울 필요가 있고, 그렇지 않은 사이라면 무엇보다도 피부접촉을 경계해야 할 필요가 있습니다. 몸이 닿으면 마음도 어쩔 수 없이 끌려가게 마련이거든요.

갠지스 강에 몸과 영혼을 씻다

인도 사람들은 이 점에서 철저합니다. 닿아야 한다고 생각하는 것은 마음만 닿는 게 아니라 몸도 확실하게 닿아야 하고, 닿지 말아야 할 건 마음뿐만 아니라 몸도 절대로 닿아서는 안 된다고 생각해요. 이건 꼭 남녀의 문제에 국한되지 않습니다. 종교적인 영역에서도 이러한 사고방식은 그대로 적용됩니다. 예를 들어 이 사람들은 신에게 예배를 드릴 때 우리처럼 멀찌감치 서서 합장하거나 기도하는 게 아니라 직접 손으로 신상을 만집니다. 이마에 손을 대든 턱이나 무릎을 만지든, 아무튼 신상의 튀어나온 어떤 부분을 만지지 않고는 도무지 '신과 나'의 관계가 미심쩍다는 것입니다. '신과 나'의 관계를 단지 마음의 관계로 그치는 것이 아니라 몸으로 직접 닿아서 그 관계를 확인한다고 볼 수 있지요.

반면에 모르는 사람과 닿는 것은 질색을 합니다. 우리처럼 지하철 안에서 온몸으로 닿는 게 아니라 그냥 살짝 스치기만 해도 기겁을 해요. 몸만 스치는 게 아니라 마음도 닿는다는 생각 때문입니다. 만일 몸으로 닿는 사람이 불촉천민이라면 이건 문제가 심각해집니다. 종교적으로 볼 때, 불촉천민은 영혼이 부정한 사람입니다. 그래서 현생에서는 해탈이 불가능한 사람들이지요. 영혼이 부정한 사람과 몸이 닿는다는 것은 곧 이를 통하여 '나'의 영혼이 오염된다는 것을 의미합니다. 그래서 이전에는 슈드라나 불촉천민이 거리를 지나갈 때는 '여기 불촉천민 지나간다'고 외치며 가야 했지요. 다른 사람들이 그와 신체접촉이 일어나는 것을 피하고, 나아가서는 영혼이 오염되는 것을 방지한다는 의미를 지닙니다. 이런 이유 때문에 인도 사람들은 그야말로 신체접촉에 촉각을 곤두세웁니다.

갠지스 강에서 목욕하는 것이 중요한 정화의례가 되는 것도 같은 이치입니다. 강에서 몸을 씻는 것이지만, 그것은 또한 인간의 영혼을 정화하는 효능을 지닌다는 거지요. 몸의 접촉을 통하여 영혼이 더러워질 수 있는 것과 마찬가지로, 강에서의 목욕을 통하여 영혼

갠지스 강에서 목욕하는 힌두교도들. 목욕은 힌두교에서 대표적인 정화의례다.

이 정화될 수도 있다는 것입니다. 이런 사고방식이 있기 때문에, 일생을 통하여 갠지스 강에 한 번이라도 몸을 담그는 것이, 바이쿤타(vaikuntha)의 천계(비슈누교도들의 극락)에서 자신이 일생 동안 남긴 발자국 수만큼 살 수 있는 공덕이 된다는 믿음도 가능한 것입니다. 이러한 예들은 인도 사람들이 몸과 마음, 나아가 몸과 영혼의 연속성을 믿는 구체적인 현장이라 할 수 있지요. 설사 몸은 닿는다 할지라도 마음만 닿지 않는다면 문제없다는 사고방식은 대단히 잘못되었을 뿐만 아니라 위험해요.

촉각은 다른 감관에 비하여 지속력이 강하기 때문에, 우리는 흔히 피부접촉을 통하여 '존재'에 대한 최종적인 확인을 합니다. 다시 말하여, 어떤 것이 '있다'거나 혹은 '없다'는 사실에 대한 최후의 판단은 흔히 촉각을 통하여 이루어집니다. 눈으로 볼 수 있지만 만져지지 않는다면, 그것을 '정말 있는 것'이라고 생각하지 않잖아요? 예를 들어 극장에서 영화를 볼 때 화면에 사람도 보이고 산도 보이지만, 정말 존재하는 것이 아닌 이유는 그것이 우리의 촉각을 통하여 확인될 수 있는 대상이 아니기 때문입니다. 말로만 들었지만, 신기루라는 게 그런 거잖아요? 눈에는 보이지만 실제로는 없는 거지요.

여러분은 허깨비라는 것 알아요? 들어본 적도 없어요? 대개는 잘 모를 것입니다. 예전에도 시골에서나 있을 법한 이야기였으니까요. 사실 이젠 시골 아이들도 허깨비를 몰라요. 허깨비가 있다는 걸 믿지도 않아요. 내가 어릴 때만 해도 허깨비는 그야말로 공포의 대상이었습니다. 이와 관련된 무시무시한 이야기도 많았지요. 마실갔다가 어두운 밤길을 돌아올 때면, 가장 두려운 게 허깨비였어요.

어둠의 오묘한 깊이

내가 초등학교 다닐 때 이야기 하나 할까요? 한번은 밤에 혼자서 아랫마을 친구 집에 갔다 오는데, 마침 비가 부슬부슬 내리더라고요. 상여를 보관하는 곳집 앞길을 지나오는데, 저만치 앞에 전봇대만한 사람이 떡 버티고 섰어요. 어찌나 놀랐던지 도무지 발길이 떨어지지가 않더군요. 등줄기에 땀이 비 오듯 하는 건 당연하고, 걸음아 날 살

려라 도망쳤지요. 결국 그날 집에 못 가고 친구 집에서 잘 수밖에 없었습니다. 심지어는 인적이 드문 밤길에서 소복 입은 여자를 보기도 합니다. 손바닥만한 동네라서 누구 집에 닭이 한 마리 죽어도 금방 아는 형편인데, 그런 여자나 전봇대만한 사람이 없다는 것은 뻔히 알거든요? 그런데 그게 보여요. 보이지만 실재하지 않는 것들이라 할 수 있을 것입니다. 두려운 마음이 만들어내는 허상들이지요.

요즘 아이들이 허깨비를 모르는 것은 순전히 어둠을 모르고 자라기 때문입니다. 이제는 시골이라도 어두운 구석이 없어요. 가로등이 환해요. 그런 곳에 허깨비가 있을 리 있나요? 이전에는 아이들이 허깨비를 무서워했지만, 요즘에는 되레 허깨비가 아이들을 무서워하는 건지, 허깨비를 보았다는 아이들이 없어요. 밤이 온통 환하니까 허깨비 때문에 마실가는 것을 두려워할 필요도 없어요.

그러나 환해졌기 때문에 잃어버린 것도 많아요. 밝고 투명한 게 전부가 아니라는 것입니다. 밤이 환해졌기 때문에 허깨비가 사라진 것입니다. 시골 마을에 허깨비가 사라진 것은 아이들의 정서에 대단한 손실이라 할 수 있지요. 적어도 내 생각은 그래요. 환한 가로등 아래서는 별을 볼 수도 없잖아요? 어두워야 별이 보이고, 아이들의 마음 속에도 별이 뜹니다.

밤은 어두워야 제격입니다. 밤이 환하기만 하면 아이들의 상상력이 죽어요. 상상력은 어두운 곳에서 자랄 수 있거든요. 우리가 흔히 어떤 것을 상상할 때, 눈을 감잖아요? 여기에는 이유가 있습니다. 눈을 감으면 캄캄해요. 그래야 상상의 세계가 일어날 수 있습니다. 상상력은 인간의 미적 감각에 날개를 달아줍니다.

　아무튼 요즘 아이들이 어둠을 모른다는 건 대단한 불행입니다. 환한 곳에서는 씨앗이 싹을 틔우지 않는 것처럼, 우리의 생각이라는 것도 마찬가지입니다. 어두운 곳에서 싹을 틔우고 깊어질 수 있는 것입니다. 기가 막혀 앞이 캄캄할 때, 문득 피안으로 통하는 문이 열릴 수 있습니다. 어둠은 모든 것이 싹을 틔우는 자궁과 같은 것입니다. 상상력이 창조의 원천이 되는 것처럼, 우주 만물은 어둠 속에서 싹을 틔웁니다. 기독교 성경에서 말하는 창조 이전의 카오스나 노자의 현(玄) 또는 인도의 창세신화에서 언급되는 따마스(tamas)는 모두 어둠의 세계라 할 수 있습니다. 암중모색하는 공허와 혼돈으로부터 질서정연한 세계가 일어나는 거지요. 우주의 순환은 결국 질서와 무질서의 반복이라 할 수 있습니다.

　깊이는 어둠에 있습니다. 흔히 '밤이 깊어간다' 그러잖아요? 그건 어둠이 짙어지고 있다는 말입니다. 다시 말하여 어둠이 짙어지는 것과 밤이 깊어가는 것은 비례한다, 이겁니다. 어둠을 기피하는 한, 깊이는 기대하기 어렵습니다. 깊기 때문에 어두운가 하면, 어둡기 때문에 깊습니다. 이 점을 생각해 봅시다. 요즘 우리의 문화가 얕아지고 천박해지는 것도 어떻게 보면 지나치게 밝은 것만 추구해 온 당연한 결과라고 볼 수 있어요. 사람들은 무조건 어두운 걸 싫어해요. 기피합니다. 어두운 곳에서 일어나는 일들은 모두 부정적으로 봅니다. 색안경을 끼고 봐요.

　요즘 우리가 어둠을 무조건 기피하는 것은 서구의 합리주의적인 사고방식과 관련을 지닌다고 볼 수 있습니다. '합리'(合理)라는 게 뭡니까? 말 그대로 '이성에 부합한다'는 의미겠는데, 이것은 결국 무엇이든 밝고 투명해야 한다는 것입니다. 흔히 이성이란 유리처럼 투명한 것이라고 말하잖아요? 숨김없이 밝고 투명하기 때문에 이성이 높은 가치를 지니는 것으로 여겨 왔습니다. 그래서 무슨 일이든 '합리적'이면 만사 오케이라고 보는 것입니다. 이론의 여지가 없었어요. 그야말로 이성은 전가(傳家)의 보도(寶刀)처럼 우리의 삶을 지배했지요.

그러나 그 결과는 차라리 처참하다 해야 합니다. 투명해지는 대신에 철저하게 얕아졌어요. 이건 내 이야기가 아닙니다. 많은 사람들이 그렇게 봐요. 가벼워지고 얕아진 게 우리 문화의 현주소라는 것은 많은 사람들의 공통된 인식입니다. 그렇게 될 수밖에 없었던 가장 근본된 원인은 우리가 지나치게 이성에 목을 맨 것 때문입니다. 이성에 의지하는 한, 얕을 수밖에 없다는 것입니다. 합리적이기만 하면 모든 것이 해결될 것 같지만, 따지고 보면 우리의 삶 속에서 이성으로 해결할 수 있는 문제라는 것은 지극히 한정되어 있습니다. 그것은 아주 얕은 차원의 문제에 대한 답을 줄 수 있을 뿐이지요. 정말로 중요한 문제에 대해서는 우리의 이성은 사실 속수무책입니다.

예를 들어, 죽음을 합리적으로 설명할 수 있어요? 그건 차라리 비합리적인 측면이 훨씬 농후합니다. 죽지 말아야 할 사람이 죽고, 죽어 마땅한 사람이 죽지 않는 부조리가 있잖아요? 종교도 마찬가지입니다. 종교는 합리적이기보다는 차라리 비합리적인 방향으로 움직이는

앞이 캄캄할 때, 문득 피안으로 통하는 문이 열릴 수 있다.
뜨리반드룸(Trirandrum)에 있는 힌두교사원 입구.

측면이 훨씬 강해요. 물론 겉으로 드러나는 부분은 이성적으로 설명할 수 있을지 모르지만, 그 본질은 언제나 합리적인 것 이상이라 해야 합니다. 사랑도 그렇습니다. 합리적인 기준으로 설명하기 어려운 묘한 구석이 있어요. 묘(妙)하다는 게 뭡니까? 이성적으로 설명하기 어렵지만, 그럼에도 불구하고 뭔가 있다, 그런 말입니다. '깊고 또 깊다'는 뜻이기도 합니다. 사랑이든 종교든 혹은 죽음이든, 우리의 삶에서 중요한 것은 무엇이든 훤히 드러나는 것이 아니라 '묘'한 구석을 지녀요. 묘하기 때문에 어둡고 어둡기 때문에 깊다고 할 수 있지요.

접속의 완성은 접촉이다

내 이야기가 슬슬 샛길로 빠지고 있지요? 접촉 이야기로 촉각을 곤두세우다가 허깨비 이야기로 가더니, 결국 묘한 곳으로 가고 있습니다. 그렇다고 문제될 건 없지만, 다시 접촉으로 돌아갑시다. 지금까지 내 이야기의 줄거리를 정리하면, 촉각이 우리의 다른 감관에 비하여 지속력이 길다는 것, 그렇기 때문에 우리의 삶에서 여러 가지 특별한 의미를 지닌다는 것입니다.

'백 번 듣는 것보다 한 번 보는 것이 낫다'는 말이 있지요? 이 말은 청각에 대한 시각의 우위를 말하는 게 아닙니다. 간접체험에 대한 직접체험의 중요성을 가리키는 말이라 할 수 있어요. 다시 말하여, 어떤 사실에 대하여 여러 번 들어서 간접적으로 아는 것보다는 '직접' 한 번 보는 것이 더 낫다, 그 말입니다. 귀로 듣는 것보다 눈으로 보는 것이 낫다는 말이 아닙니다. 알다시피 우리의 오관은 각기 고유한 기능을 지녀요. 귀가 볼 수 없는 것과 마찬가지로 눈은 들을 수 없습니다. 따라서 귀와 눈을 우열관계로 파악하는 것은 잘못입니다.

직접체험이라는 면에서 본다면 촉각은 시각보다 훨씬 우위에 있다고 볼 수 있습니다. 백 번 보는 것보다는 차라리 한 번 만져보는 것이 낫다는 것입니다. 사실 직접체험이라는 말의 문자적인 의미는 피부 접촉을 전제하고 있지요. 직접 체험한다는 것은, 아무런 간격 없이〔直〕닿아서〔接〕몸으로〔體〕겪는다〔驗〕는 의미잖아요? 물론 눈으로 보는 것이나 귀로 듣는 것도 직접경험이라 할 수 있지만, 피부로 닿아서 경험한다는 것과는 다른 의미를 지닙니다. 이미 말한 것처럼, 눈길이 닿는다는 것과 피부가 닿는다는 것은 지속력이라는 면에서 큰 차이가 있고, 이러한 차이 때문에 우리는 흔히 보는 것만으로 만족하지 못하지요. 눈으로 보아 마음이 끌리면, 만져보고 싶은 욕망이 일어납니다. 눈으로 보는 것만으로는 성에 차지 않아요. 이런 의미에서 피부 접촉은 직접경험의 완성이라 할 수 있으며, 우리가 몸을 가진 존재로 살아간다는 것은 결국 피부 접촉을 체험하며 산다는 것을 의미합니다. 피부 접촉은 우리에게 몸이 있다는 가장 구체적인 증거입니다. 그것은 몸의 의식이라 할 수 있지요.

몸을 밀어내는 사이버공간

요즈음 우리 주변에는 컴퓨터 네트워크 속에서 이루어지는 사이버 문화가 유행입니다. 이제 'www.'은 그야말로 세계로 통하는 문이라 할 것입니다. 이전에는 마침표(.)가 끝이라는 표시였지만, 이제 그것은 다른 모든 세계와 통하는 출발점이 되었지요. 지구 반대편에 있는 사람과도 리얼타임으로 만납니다. 심지어 접속을 통하여 한 번도 만나보지 못한 사람과 사랑도 하고 피부 접촉 없는 성관계도 가집니다. 몸 없이 사랑을 해요. 현실세계에서는 있을 수 없는 일들이지만, 가상공간에서는 쉽게 이루어져요.

지난 학기부터 사이버대학에서 강의를 시작했는데, 교수와 학생들이 몸 없이도 한 방에 모여서 세미나도 하고 토론도 합니다. 출석은 자동으로 체크가 되지요. 가상공간을 통한 활동이 쉽고 편하다는 건 확실해요. 몸이 없으니까 자유로운 게 한두 가지가 아닙니다. 복잡한 지하철 속에서 고생하며 학교에 올 필요도 없잖아요? 세수 안 하고 강의실에 들어와도 누가 뭐라 하지 않아요. 서양 철학자들이 흔히 '몸은 영혼의 감옥'이라고 했는데, 이 말이 맞는 것 같더라니까요? 몸은 여러 면에서 우리를 구속하는데, 가상공간에서는 이러한 구속이 거의 사라지는 자유로움이 있습니다. 해방감도 있지요.

그렇지만 학기가 끝날 때쯤 되니까, 가상공간은 역시 가상공간이라는 생각이 들어요. 여러분에게 하는 것과 똑같은 방식으로 출석과 리포트와 시험점수를 합산해서 성적을 내는데, 뭔가 이상해요. 어쩐지 한구석이 빠진 것 같고 허전해요. 나와 학생을 매개하는 것은 꼭 무슨 외계인 이름 같은 아이디뿐이잖아요? 눈길 한 번 닿지 않은 학생들에게 학점을 준다는 게 영 어색하더라구요. 이건 단지 내 생각이 구식이라서 그런 것만은 아닐 것입니다. 가상공간 자체가 지니는 어떤 한계가 있는 게 분명해요. 네티즌들의 사회성이 떨어진다는 것은 이미 여러 사람들이 지적하고 있습니다. 각기 익명의 섬이라고나 할까, 그물망처럼 서로 접속하고 있어도 오히려 일체감이나 사회성은 이전에 비하여 현저하게 떨어지고 있다는 것입니다.

가상공간을 통해서는 끝끝내 이루어질 수 없는 것이 하나 있지요? 바로 피부 접촉입니다. 접속은 가능하지만 접촉은 불가능하다, 이겁니다. 접속은 결코 접촉일 수 없어요. 적어도 우리가 몸을 가진 존재라는 것을 인정한다면, 접속은 결국 접촉을 통하여 완성된다고 봐야 합니다. 접속을 통하여 인식하게 된 대상이 '내 마음을 끈다'고 했을 때, 그 다음 단계는 만져보고 싶은 게 당연하잖아요?「접속」이라는 영화에서 한석규와 전도연이 그냥 접속으로 끝냅디까? 아니지요? 결국 접촉하게 됩니다. 사이버 대학의 강의도 결국에는 수료식장에서 교수와 학생이 만나는 이벤트로 끝을 맺었습니다.

가상공간의 진정성 문제에 대한 결론은 아직 유보되어야겠지만, 한 가지 분명한 것은 가상현실이 결코 현실적인 삶을 대체할 수는 없다는 것입니다. 그것은 단지 실제공간에 대한 도구나 수단으로 받아들여질 때, 의미를 지닐 수 있을 것으로 봅니다. 마치 비행기가 하늘을 날다가도 결국 다시 땅에 내려앉아야 하는 것처럼, 가상공간에서의 사건들은 그 자체로 완결된다고 보기 어려워요. 반드시 현실 속에 착륙할 필요가 있습니다. 적어도 우리가 몸을 가진 존재인 한에는 그래요.

서양 철학자들이 말하듯, 몸은 영혼의 구속인 것처럼 느껴지는 것이 사실이지만, 그럼에도 우리의 삶 속에는 오직 몸을 통해서만 이룰 수 있는 일들이 많습니다. 쉬운 것만 능사는 아니거든요. 특히 사람과 사람의 관계가 그래요. 씨앗은 땅에 묻혀야 싹을 틔웁니다. 물론 땅이라는 것이 수분이나 그밖의 영양소들을 공급하는 환경이 되기 때문이기도 하지만, 흙이 내리누르는 지압(地壓)이 중요하다고 합니다. 적당히 눌러주어야 씨앗이 싹을 틔운다는 것입니다. 사람도 마찬가지라 할 수 있지요. 아픔도 있고 고뇌도 있어야 새로운 의식의 차원이 열립니다. 고통이 없으면, 지금 처해 있는 상황에 안주하게 마련입니다. 세계의 위대한 종교들이 모두 척박한 환경에서 일어나는 것도 같은 이치라 할 것입니다. 다시 한번 말하지만, 쉬운 것만이 능사는 아닙니다.

 더 알고 싶은 인도

마음에 내리는 어둠과 맹목적인 행위 사이에 어떤 관계가 있나요?

'오염'이라고 하면 우리는 흔히 환경오염이나 대기오염을 생각하기 쉽습니다. 그런데 이외에도 우리가 한 번쯤 생각해봐야 할 오염들이 있어요. 언어 또는 개념의 오염이라는 것도 생각해 볼 수 있지 않을까요? 말이 오염되었다는 것입니다. 그 의미가 왜곡되었다는 말이 옳겠지요. 어둠이라는 말이 지나치게 부정적인 의미로만 사용되는 것처럼, 맹목이라는 말도 이유 없이 푸대접을 받는 게 아닌가 합니다. 맹목적인 것이 항상 부정적인 것으로 터부시될 필요는 없다고 봐요. 오히려 우리의 삶에 중요한 의미를 지니는 측면이 많아요.

캄캄해진다는 점에서 어둠과 맹목은 같은 부류라고 봐도 무방해요. 환한 낮보다 캄캄한 밤이 더 위험한 것처럼, 맹목적인 행위도 위험합니다. 이 점에서도 같아요. 맹목적이라는 것에 대해서 좀더 생각해 볼까요? 맹목적일 때, 앞이 캄캄해질 때, 급하게 우리의 마음에 어둠이 내릴 수도 있어요. 이 어둠에 휩쓸리지 않을 수 있다면, 환한 낮에는 꿈도 꿀 수 없는 값진 보석을 캘 수도 있습니다. 문제는 문득 다가오는 어둠을 허심탄회하게 지켜볼 수 없다는 것이지요.

순수한 행위는 맹목적입니다. 맹목적인 행위만이 순수할 수 있다고 해도 과언이 아니지요. 사랑이든 우정이든 목적이 들면 이미 사랑도 아니고 우정도 아닙니다. 다만 사람과 사람 사이의 비즈니스가 있을 뿐이지요. 사고파는 거래가 있을 뿐, 그 이상도 그 이하도 아닙니다. 사랑은 맹목적이어야 해요. 특히 남녀 간의 사랑은 그래요. 남녀 간의 사랑은 모든 사랑의 뿌리지요. 눈멀고 귀먹지 않은 사랑은 사랑이 아닙니다. 사랑은 다만 맹목적일 때 이해를 따지지 않는 불가사의를 만들어요. 어머니의 사랑이 고귀하다 하는 것도 그런 이유지요. 그것은 이해득실을 따지지 않는 맹목적인 사랑이기 때문에 순수하고 고귀한 것입니다.

그런데 또 이상하게도 사람들은 맹목적인 행위란 너무 위험하다고 말해요. 맹목이라는 말이 우리에게 지니는 일차적인 의미는 무모

하다는 것이지요. 맹목적인 행위란 생각 없이 덮어놓고 하는 행위를 가리킵니다.

맹목적인 사랑, 맹목적인 우정은 순수하다는 것을 알면서 우리는 왜 맹목적이 되는 것을 두려워하는가, 왜 맹목은 터부시되는가, 이 문제를 좀더 생각해 봅시다. 터부라는 말은 서로 반대되는 두 방향에서 이해됩니다. 그것은 한편으로 신성한 무엇이며, 다른 한편으로 위험하고 부정한 것이지요. 이런 의미에서 오늘 우리에게 맹목은 터부임에 분명해요. 그런데 왜 맹목적인 행위가 터부시되는지에 대해서는 묻지 않습니다. 이유 불문의 금기라고나 할까요?

생각해 보면, 우리가 지금까지 터부시해 온 맹목은 느낌 또는 감정에 대한 맹목이라 할 수 있어요. 다시 말하여 흔히 우리가 맹목적이어서는 안 된다고 말할 때, 그것은 감정이나 느낌에 따라 움직일 것이 아니라 이성에 따라 행동해야 한다는 의미였어요. 좀더 정확히 말한다면, 맹목적이지 말라는 말은 이성에 대한 맹목적인 추구를 의미했지요. 그런데도 우리는 이성에 대한 무조건적인 추종을 맹목적인 것이라고 말하지 않으며, 오히려 그것은 합리적이기 때문에 가치 있는 것이라고 봅니다.

그러나 이미 말한 것처럼, 사람에게 이성이 전부일 수는 없어요. 알다시피 인간은 이성적인 동물인 동시에 감성적인 동물이지요. 서양적인 사고가 아니라 직관을 중시하는 인도적인 사고에서 본다면, 이성보다는 느낌이나 감성이 훨씬 중요할 수도 있습니다. 사실 지금까지 우리가 그토록 높이 떠받들던 이성의 시대는 몰락하고 있어요.

이것은 이미 보편적인 일이라 해도 무방합니다. IQ보다 EQ가 중시되는 세상이 되었다는 것은 우리 모두가 이미 알고 있잖아요? 이것은 인간의 무게 중심이 머리에서 가슴으로 이동하고 있다는 증거로 볼 수 있습니다.

만일 느낌에 대한 맹목이 위험을 내포한다면, 그것은 순수와 통하기 때문입니다. 순수한 것은 이미 더럽혀진 것보다 오염되기 쉬워요. 사람이 순수하면 이용당하기 쉽고 물건이 순수하면 때묻기 쉽지요. 이렇게 보면, 느낌에 대한 맹목은 위험하긴 하지만 맹목적인 것 그 자체가 부정적인 것이라고 말할 수는 없어요. 느낌이나 감정에 대한 맹목적인 수용을 무조건 비난해야 할 이유는 없다는 것입니다. 다만 그것이 교묘히 이용되고 악용되는 사회가 오히려 문제지요. 가슴을 열고 누군가에게 다가가는 자는 반드시 심장을 잃게 되고 마는 부조리가 있다고나 할까요?

맹목은 깊이에의 추구

이제 우리 주변에는 참으로 맹목적인 어떤 것을 찾아보기 어려워요. 맹목적인 사랑은 드물어요. 너무 쉽게 사랑하고 너무 쉽게 떠나는 것이 요즘 세태의 사랑이지요. 적당히 사랑해야 적당히 아플 수 있다는 말이 있을 정도지요. 이해타산을 따지지 않는 우정도 보기 드물어요. 어쩌다 소설 속에서나 보는 천연기념물이라고 하면 지나친 말일까요? 이제는 대중적인 드라마나 영화도 맹목적인 사랑, 맹목적인 우정은 꺼려하는 눈치에요. 느낌에 충실하고 감정에 솔직한, 맹목적인 사랑은 고리타분한 신파에나 어울리는 것이라 여기는 모양이지요.

종교도 마찬가지입니다. 사랑이 맹목적이어야 하는 것처럼, 종교도 맹목적이어야 한다는 게 나의 생각이지요. 그러나 현실은 그게 아니지요? 대개의 종교, 더 정확히 말하여 종교 집단은 인간의 구원과 고통을 걱정하기보다는 어떻게 하면 더욱 많은 사람들을 끌어들일까를 걱정합니다. 이것은 결국 많은 돈을 거두어들이는 일과 관련이 있는 것 같아요.

따르는 사람들도 마찬가지입니다. 어떤 사람이 하나의 종교 단체에 속한다는 것은 그가 속해 있는 집단의 사람들로부터 이득을 보자는 계산도 깔려있는 것 같아요. 예를 들어 세탁소를 하는 사람이 어떤 교회의 신도가 된다는 것은, 그 교회의 다른 신도들을 자연스럽게 자신의 고객으로 만들 수 있다는 이해타산이 고려된 행위일 수도 있다는 것입니다. 물론 전부가 그렇다는 것은 아니지요.

맹목적인 사람들이 있기는 해요. 맹목적으로 무엇인가에 푹 빠져 있는 마니아들이 있지요? 낡은 군복에 목을 매는 사람들이 있는가 하면, 고급 오디오만을 찾아다니는 사람들이 있어요. 어떤 것에 대한 강한 애착이 병으로 치부되는 우리 사회에서, 아무런 목적 없이 미친 듯이 열중할 수 있는 그 무엇을 지닌다는 것은 쉽지 않은 일이지요. 그러나 이들이 어느 정도의 깊이를 가지는지는 의문입니다. 우르르 몰려다니는 유행은 아니라는 생각이 들긴 하지만, 아직 이에 대한 판단은 유보될 수밖에 없는 것 같아요. 혹 혼자만의 세계에 자기를 가두고 세상과 타인들에 대한 혐오의 싹을 키우고 있는 것은 아닌지, 목적을 잊어버리는 가운데 목적을 잃어버리고 있는 것은 아닌지 모를 일이라는 것입니다.

가능한 것에 대한 체념이 가치 있는 것과 마찬가지로, 맹목은 목적을 잃어버리지 않을 때 가치 있는 맹목일 수 있어요. 목적을 잊어야 맹목적일 수 있는 반면에 목적을 잃어버린다면 이미 그것은 가치 있는 맹목이 아니라는 것입니다.

목적을 잃어버린 맹목, 나를 잃어버린 맹목의 가장 분명한 징후는, 내가 그것을 그만두고자 했을 때 그만둘 수 없다는 것입니다. 나를 잃어버린 맹목은 끊어야겠다고 생각하면서도 끊지 못하는 것이지요. 빠져든다는 징후는 후회가 일어나는 것, 후회가 점점 깊어진다는 것입니다. 그것은 이미 주객이 뒤바뀐 것이지요. 사람이 술을 마시는 게 아니라 술이 사람을 마시는 것이지요. 자발적인 것이 아니라 불가항력적으로 끌려가고 있다면 이미 그것은 나를 잃어버린 것입니다. 나를 잃어버린 맹목의 깊이에는 한계가 있게 마련입니다. 본질로 향하는 방향을 상실했기 때문입니다.

맹목은 깊이에의 추구라고 할 수 있습니다. 우리의 삶에 종교가 중요하고 사랑이 중요하다면, 그것은 맹목적인 사랑이 혹은 맹목적인 종교가 우리를 내면의 깊이로 침잠하게 하기 때문이지요. 종교를 인간의 궁극적인 관심이라고 말하는 것이나, 종교보다 강한 것이 사랑이라고 말하는 것은 그런 이유입니다. 종교나 사랑은 일상사의 표면에 부유하는 이런저런 사실을 따라 움직이는 것이 아니라, 깊이로 침잠하는 것이지요. 폭보다는 깊이가 중요하다는 말입니다. 한 사람이 여러 종교에 기웃거리면 바로 이단자로 낙인찍힐 가능성이 있잖아요? 한 남자가 여러 여자를, 혹은 한 여자가 여러 남자를 사랑하는 것은 불륜으로 비난됩니다. 사랑이든 종교든 깊이로 추구하는 맹목적인 행위여야 하기 때문이지요.

우리 사회에 맹목적인 것이 사라져 간다는 것은 우리의 삶이 그만큼 얕고 허전해졌다는 말과 다르지 않습니다. 사랑하는 애인의 변신에 목을 매는 순애보가 드문 세상은 각박하지요. 그렇다고 자살하라는 말은 아닙니다. '참을 수 없는 존재의 가벼움'을 이야기하는 겁니다. 목적을 지니는 것이 생존을 위한 필수조건인 현실세계에서, 잠시라도 목적을 잊어버리고 산다는 것은 불가능한 일인지도 몰라요. 어려운 일임에 분명해요.

그러나 자신의 삶 속에 적어도 한 가지는 맹목적인 게 있어야 합니다. 그것이 사랑이든 종교든 또는 다른 무엇이든, 우리의 삶 속에는 목적을 잊어버리고 결과에 집착하지 않는 맹목적인 한 구석이 있어야 합니다. 맹목은 우리에게 남아 있는, 그래도 사람은 순수하다는, 순수할 수 있다는 최후의 흔적이 아닐까 합니다. 만일 우리에게 맹목의 불씨가 꺼지고 없다면, 그것은 이미 우리가 참으로 희구하는 목적지에 이를 가능성은 사라졌다는 것을 의미합니다.

9
느림의 미학

인도 사람들은 시간을 영원히 순환한다고 봅니다.
우리가 경험하는 세계란 무시무종無始無終으로
순환 반복하는 영원한 우주 주기의
지극한 찰나에 불과하다는 겁니다.

순간순간의 느낌에 충실하라

여러분 중에 콩나물 모르는 사람 있어요? 좋아하느냐 그렇지 않느냐 하는 것은 별개의 문제지만, 우리나라 사람치고 콩나물이 뭔지 모르는 사람은 없을 것입니다. 시장이나 슈퍼에서도 흔하게 볼 수 있지요. 그런데 이 콩나물이 어떻게 자라는지, 어떻게 키우는지 아는 사람 있어요? 아마 없을 것입니다. 콩나물 키우는 거 본 사람 있어요? 없지요? 혹시 콩나물이 밭에서 자라는 걸로 생각하는 사람은 없는지 모르겠네. 사실 요즘은 콩나물 키우는 거 보기가 쉽지 않아요. 이제는 콩나물도 햄이나 소시지처럼 공장에서 대량으로 생산하기 때문에 콩나물 공장에 가보지 않는 한 콩나물 키우는 거 보기 어려워요.

내가 어릴 적만 해도 콩나물은 공장에서 대량생산하는 먹을거리가 아니었습니다. 시장이나 슈퍼에서 사고파는 물건도 아니었지요. 콩나물은 어두컴컴한 실내에서 키우는 다소 특별한 야채였습니다. 요즘처럼 언제 어디서든 쉽게 구할 수 있는 게 아니었어요. 아주 특별한 날에나 맛볼 수 있는 귀한 먹을거리였던 걸로 기억합니다. 안방 구석(통상 옷을 거는 횃대 아래)에 콩나물시루가 놓인다는 것은, 머지 않아 설이나 정월대보름 같은 명절이 된다는 의미이기도 했지요. 할아버지 기일(忌日)일 수도 있습니다. 아무튼 안방에 콩나물시루가 놓인다는 것은 특별한 일이었습니다. 김용택이라는 시인이 그랬습니까? "그리운 것들은 산 뒤에 있다." 이젠 시골에서도 안방에 콩나물시루가 놓이는 일은 거의 없어졌습니다. 산 뒤에 있는 그리운 것들

느림의 미학 227

중의 하나가 된 지 오래지요.

  콩나물은 부드러운 만큼 아주 민감해요. 물을 자주 주지 않으면 금방 잔뿌리가 많아져서 못쓰게 됩니다. 통상 검은 보자기로 시루를 덮어 두는데, 깜박 잊고 그냥 두면 한나절이 지나지 않아서 콩나물 머리가 금방 푸르게 변해요. 보기 흉해지지요. 나도 콩나물시루에 보자기 덮는 일을 깜박해서 어머니한테 혼난 적이 한두 번이 아니지요. 방안이라 햇볕이 들 리는 없지만, 미미한 빛이라도 받으면 콩나물은 금방 변해요.

  이제는 콩나물시루에 물을 주던 기억도 희미해졌지만, 철학 선생이 된 요즘 생각해 보면, 학생들을 가르치고 키우는 것도 콩나물을 키우는 것과 같다는 생각이 듭니다. 여러분이 자라는 것도 콩나물이 자라는 것과 같아요. 특히 내면의 개안(開眼)은 그래요. 시루에 놓인 콩나물이 하루에 몇 번씩 주는 물을 먹고 자라는 것처럼, 여러분은 이런 저런 선생들의 이야기와 책에서 얻는 지식으로 자랍니다. 콩나물이 자라기 위해서는 물이 꼭 필요한 것처럼, 여러분이 성장하기 위해서는 다른 사람이나 책에서 얻는 지식이 꼭 필요한지도 모릅니다.

  그런데 한 가지 짚고 넘어갈 것은, 콩나물은 절대로 물을 껴안고 있지 않는다는 것입니다. 여러분은 콩나물시루를 본 적이 없기 때문에 이해하기가 좀 어렵겠지만, 콩나물시루는 구조적으로 콩나물이 절대로 물에 잠기도록 되어 있지 않아요. 콩나물이 자라기 위해서는 물이 꼭 필요하지만, 그럼에도 물이 콩나물 사이로 설렁설렁 지나가게 만들어져 있다는 것입니다. 만일 콩나물이 물을 안고 있다면, 곧 콩나물이 물에 잠겨 있다면 어떻게 되는지 알아요? 금방 썩어버립니다. 여러분도 마찬가지입니다. 다른 사람들이 주는 지식을 안고 있으면 여러분 자신이 썩어버려요.

적어도 인간의 내적인 성장을 염두에 둔 지식은 그렇습니다. 콩나물의 지혜를 배울 필요가 있어요. 아무리 아까워도 그냥 설렁설렁 지나가게 내버려둘 필요가 있다는 것입니다. 콩나물 사이로 물이 설렁설렁 지나가지만 때가 되면 자라 있는 것처럼, 여러분도 그렇게 자라는 것입니다. 내가 이 강의를 시작할 때 노트 필기 하지 마라, 한쪽 귀로 듣고 다른 쪽 귀로 흘려버려라 한 것도 이런 이유 때문입니다. 마치 콩나물이 자신의 성장을 위하여 물이 지나가는 그 순간에 충실하듯, 여러분도 순간순간의 느낌에 충실하라는 말이었습니다. 변화는 순간이지만, 그 과정은 언제나 어느 정도의 시간을 필요로 합니다.

늦게 달리기 자전거 경주

오늘은 인도 사람들의 시간관에 대해서 좀 생각해 볼까 합니다. 시간 개념이라는 것은 어떤 하나의 전통과 문명의 울타리 안에서는 거의 무비판적으로 받아들여지는 측면이 있어요. 이에 대해서는 거의 묻지 않아요. 시간이라는 것은 우리와 너무 밀착되어 있기 때문에 대개 우리의 비판을 비켜가고 있다고 볼 수 있습니다. 어떤 것을 인식한다는 것은 우선 인식의 주체와 대상의 구분을 전제로 하는데, 시간은 인식 주체인 우리 자신과 너무 밀착되어 있어서 특별한 일이 없는 한 인식의 대상으로 떠오르지 않는다는 것입니다. 그러다가도 자기 와는 다른 시간관을 지닌 사람들을 만나면 금방 느끼게 되는 것이 또한 시간 개념입니다.

　인도를 경험한 우리나라 사람들은 대개 인도 사람들이 느리다고 합니다. 느려도 보통 느린 게 아니라 무지무지 느리다고 해요. 나도 동작이 빠른 축에는 끼지 못하지만, 인도에서 살면서 처음에는 이 사람들의 만만디에 속을 많이 끓였던 기억이 있습니다. 도무지 바쁜 게 없는 사람들이거든요. 오늘 해줄 수 있는 일도 내일로 미루고, 또 그 다음 날로 미룹니다. 어떻게 보면 의도적으로 가능한 한 느리게 일을 진행시키려는 것 같은 생각이 들 때도 있습니다. 내가 독촉을 하면, "뭐가 그리 급하노?" 이런 식입니다. 물론 악의가 있어서 그러는 것은 아닙니다.

　집을 지을 때도 우리처럼 몇 달 안에 금방 짓지 않습니다. 완공되기까지 몇 년이 걸릴 수도 있어요. 금년에 기초공사하고 내년에 일 층, 그리고 몇 년 후에 사정이 좋아지면 이 층을 올리는 경우도 있지요. 실내장식도 마찬가지입니다. 인도에서는 실내에 붙박이장이 기본인데, 처음에는 대개 장을 설치할 수 있는 자리만 만들고 몇 년이 지난 후에야 실제로 장을 달아요. 물론 이런 일들은 경제적인 문제나 기술상의 문제와도 관련이 있겠지만, 아무튼 이 사람들의 급할 게 없다는 사고방식이 반영되고 있는 건 분명해요. 우리 같으면 빚을 내서라도 일시에 완공을 해야 직성이 풀리겠지만, 이 사람들은 그렇지 않다는 것입니다.

거리의 악사들. 고대의 음악이 지금도 거의 변화없이 그대로 전해지고 있다.

델리 근교에 살 때의 일인데, 아주 흥미 있는 자전거 경주를 본 적이 있습니다. 우리가 일반적으로 아는 사이클 경기가 아니라, 축제 때 동네 사람들끼리 하는 경주였지요. 옆집 아이들의 성화에 못 이겨 함께 보러 갔는데, 경기장(아파트 단지 내 큰길)에 도착해 보니 한마디로 가관이더라고요. 내가 생각하는 자전거 경주와는 전혀 딴판이었거든요.

우선 경주에 참가한 사람들의 복장이나 자전거가 전혀 예상 밖이었는데, 헬멧이나 착 달라붙는 운동복이 아니라 평상복에 슬리퍼 차림이었고 자전거도 털털거리는 보통 자전거였습니다. 출발선에서 결승점까지 길어야 오십 미터 남짓한 거리였으니까 최단거리 경주라 할 수 있는데, 출발선상에 서 있는 사람들에게서 전혀 긴장감을 느낄 수 없는 것도 참 이해할 수 없었지요. 단거리 경주란 으레 출발이 중요하거든요.

그러나 출발 신호가 울리는 순간에 나의 모든 의문이 풀렸습니다. 그 경주는 빨리 달리기 경주가 아니라 늦게 달리기 경주였습니다. 자전거를 탄 채 넘어지지 않고 가장 늦게 골인하는 사람이 일등인, 참 희한한 경주인 셈이지요. 뒤통수를 한 방 얻어맞은 기분이었지요. 경주라면 당연히 빨리 달리기라 생각했는데, 늦게 달리기 경주도 있을 수 있다는 것입니다. 명색이 경주라 할 수 있는데, 느린 놈도 경주에서 일등을 할 수 있다는 게 재미있잖아요?

생각해 보면, 이 경주는 참으로 절묘해요. 그냥 달리거나 걷는 게 아니라 자전거를 타고 늦게 간다는 게 절묘하다는 것입니다. 자전거를 타지 않고 늦게 가기라면, 그건 경주 자체가 성립되기 어려워요. 출발선에 가만히 퍼질러 서 있기만 하면 누구나 일등일 수 있기 때문에 일등 이등을 가리기가 어려워요. 그러나 자전거를 타고 늦게 가기란 쉽지가 않아요. 고난도의 기술이 필요합니다. 자전거는 패달을 밟지 않으면 서 있지 못하고 넘어집니다. 따라서 넘어지지 않기 위해서는 어떤 형태로든 패달을 밟아야 하는데, 그러면서도 가장 늦게 가야 한다는 것입니다. 쓰러지지 않으려면 가야 하는데, 그렇지만 최대한 늦게 가자, 이것이 이 자전거 경주의 기본 개념이라 할 수 있지요.

이 자전거 경주 하나를 놓고 인도 사람들은 느린 걸 최고로 친다,

이렇게 말할 수는 없을 것입니다. 이 사람들도 빠른 걸 추구하기는 우리와 별반 다르지 않거든요. 빨리 가기 위해서 기차도 타고 비행기도 탑니다. 그럼에도 이 자전거 경주는 적어도 우리와는 다른 인도 사람들의 사고방식을 나름대로 반영하고 있는 것은 분명합니다. 빠른 것만이 능사는 아니며, 느린 것도 가치가 있다는 것입니다.

사실 인도 사회를 가만히 들여다보면, 이 자전거 경주를 연상하게 하는 대목이 많거든요. 무슨 일이든 빠르게 몰아치기보다는 가능한 한 천천히 끌고 나가요. 설사 금방 할 수 있는 일이라도 여유를 가지면서 생각하고 또 생각해요.

예를 들어 인도의 경제개방만 해도 그래요. 국제무대에서 살아남기 위해서는 경제개방을 하지 않을 수 없습니다. 우리 걸 사주지 않으면 너희 걸 사지 않겠다는 것은 당연하잖아요? 물론 여기에는 서로의 이권이 개입되기 때문에 강대국들의 횡포도 있고 힘의 논리가 작용하는 것도 사실입니다. 그러나 어쨌든 개방해야 한다는 것이 세계적인 분위기라고 할 수 있습니다. 인도라고 예외일 수 없지요. 그러나 인도는 늦추고 또 늦춰요. 버틸 때까지 버티다가 결국 1990년대 중반에 들어서야 조금씩 열기 시작했습니다.

동남아의 다른 나라들이 발 빠르게 움직일 때도 인도는 꿈쩍도 안 했어요. 경제개방 그 자체가 문제가 아니라 여기에 부수되는 다른 문제들을 염려했기 때문입니다. 부패한 자본주의의 부산물들이 경제개방 뒤에 그림자처럼 따라붙는다는 것입니다. 특히 성적인 문란을 우려했습니다.

시간개념의 차이

따지고 보면, 빠르다는 것, 또는 느리다는 것은 상대적인 개념입니다. 절대적인 기준이 있을 수 없어요. 내가 보기에는 느린 것도 다른 사람이 생각할 때는 그렇지 않을 수도 있습니다. 다시 말하여 느리다, 빠르다는 것은 판단하는 사람의 기준에 따라 달라질 수 있다는 것입니다. 빠르기를 나타내는 동일한 표현에 대해서도 사람에 따라서 전혀 다르게 이해될 수도 있습니다.

예를 들어 내가 마드라스 대학에 입학원서를 내면서 담당직원에게 언제쯤 결과가 나오느냐고 물었을 때, 그 사람의 대답은 '조만간에'였습니다. 다소 애매한 말이지요? 그런데 나의 시간 개념으로 그의 '조만간에'는 길어야 이삼 주 정도로 이해했는데, 그 사람이 생각하는 '조만간에'는 적어도 두세 달이었습니다. 이 주일 정도가 지나면서부터 나는 그 담당직원을 찾아가 어떻게 된 거냐고 조바심을 내고 심지어는 시간개념이 없다고 짜증도 부렸지만, 실은 그 사람이 시간개념이 없는 게 아니라 그와 나는 '조만간에'를 각기 다르게 받아들이고 있었던 것입니다. 기차여행을 할 때, 인도 사람들은 8시간 거리를 금방이라고 합니다. 적어도 2박 3일은 가야 긴 여행 축에 낍니다.

인도 사람들이 우리 눈에 느리게 비치는 것은 단지 우리와 그들의 시간 개념에 차이가 있기 때문이라고 볼 수 있습니다. 그들이 느린지 우리가 빠른지는 아무도 모릅니다. 어떻게 보면 그들이 비정상적으

인도 시골에서 소달구지는 지금도 중요한 운송수단이다.

로 느린 게 아니라 우리가 비정상적으로 빠른지도 몰라요. 우리 눈에 유독 다른 나라 사람들의 만만디가 잘 들어온다는 것은 그만큼 우리가 급하다는 반증일 수도 있습니다. 인도에 살면서 과연 내가 '은근과 끈기의 민족'인가 하는 의문이 들 때가 한두 번이 아니었습니다. 나뿐만 아니라 내 주변의 우리나라 사람들은 다 그래요. 무지무지 성미가 급한 편입니다.

한 나라 또는 문화권에서 시간 개념은 우선 지리적인 환경과 관련을 지닙니다. 대체로 보아 넓은 지역을 생활권으로 하는 사람들은 상대적으로 느려요. 우리가 느린 사람들의 전형으로 꼽는 중국 사람들이 단적인 예가 될 것입니다. 인도 사람들이 상대적으로 느린 것도 이와 무관하지 않습니다. 우리나라는 하루 안에 닿지 못하는 곳이 없을 정도로 좁습니다. 그렇기 때문에 모든 것이 신속하게 이루어져요. 이에 비해서 인도나 중국은 방대해요. 기차로 사나흘은 가야 닿는 곳도 많아요. 따라서 금방 금방 이루어지는 일보다는 오히려 긴 시간을 요하는 일들이 상대적으로 많습니다. 일이 진척되는 속도가 느리지요.

늘 기후가 무덥다는 것도 인도 사람들이 느린 것과 관련이 있을 겁니다. 대개 추운 지방 사람들에 비해서 더운 지방 사람들이 느리잖아요? 추운 지방 사람들이 아무래도 성미가 급하고 또한 거칠어요. 우리나라처럼 비교적 좁은 지역 안에서도 북쪽 사람들과 남쪽 사람들 사이에 기질 차이가 상당합니다. 조선 시대 팔도 인물평을 보면 단적으로 나타나지요. 함경도 사람들의 기질은 맹호출림(猛虎出林)이라고 하는 데 비하여, 전라도 사람들은 풍전세류(風前細柳)라고 표현했거든요. 아무튼 사람들의 시간 개념뿐만 아니라 기질이나 사고방식은 그들이 살고 있는 지역의 기후풍토와 지리적인 환경으로부터 상당한 영향을 받는 게 분명합니다.

영원히 순환하는 시간

서양 기독교의 사고방식과는 달리, 인도 사람들은 시간을 직선적인 흐름으로 파악하지 않습니다. 시간은 영원히 순환한다고 봅니다. 역사는 알파에서 시작하여 오메가로 나아가는 직선적인 흐름이 아니라 생성·유지·파괴의 끊임없는 순환의 연속이라는 것입니다. 당연한 이야기가 되겠지만, 시간관은 우주관과 서로 밀접한 관련을 지녀요. 우리가 체험하여 살고 있는 우주는 영원한 실체(브라흐만 또는 이슈와라)가 시공간 속에 자기를 전개한 결과입니다. 우리가 살고 있는 우주는 유일무이한 것이 아니라, 지금까지 수많은 우주가 생성·유지·파괴되어 왔으며, 지금의 우주는 그 가운데 하나일 뿐입니다.

이 우주 만물의 실체에 대해서는 전통에 따라 견해가 달라요. 그것을 실재하는 것으로 보는 전통이 있는가 하면, 환영(幻影, māyā)으로 보는 사람들도 있습니다. 이와 같은 세계관으로 볼 때, 결코 기독교적인 의미의 태초는 없습니다. 다만 '한 처음'이 있을 뿐입니다. 전통 기독교에서 말하는 '무(無)로부터의 창조'는 인도 사람들에게 거의 무의미합니다. 이 사람들은 철저하게 '유(有)로부터의 창조'를 믿어요. 이 문제는 좀 복잡하니까 다음 기회로 미루고, 오늘은 시간 이야기만 하겠습니다.

방금 말한 것처럼, 인도 사람들은 세계의 역사를 순환론적인 입장에서 파악하고 있는데, 이 순환의 주기라는 것이 우리가 상상하기 어려울 정도로 길어요. 시간에 대한 스케일이 우리와 다르다고나 할까요. 이 사람들의 사고방식 속에 뿌리 깊은 신화적인 시간 또는 우주적인 시간은 보통 수십억 년 입니다. 흔히 우리가 무지무지 긴 시간을 나타내기 위하여 사용하는 '겁'(劫)이라는 말 알지요? 이 말은 원래 '깔파'(kalpa)라는 범어의 한역(漢譯)입니다.

인도 사람들의 시간관에 따르면, 1겁은 우주의 생성·유지·파괴가 일어나는 한 주기라고 할 수 있는데, 이 기간은 86억 4,000만 년

힌두교의 주요 삼신(뜨리무르띠trimurti). 왼쪽부터 비슈누, 브라흐마, 쉬바.

입니다. 그야말로 겁나게 긴 시간이지요? 우리 인간에게는 겁나게 긴 이 1겁은 브라흐마(Brahmā)라는 창조신의 입장에서는 단지 하루에 불과합니다. 브라흐마는 하루를 1겁으로 하는 백 년을 삽니다. 우리의 시간 개념으로는 실로 황당하게 들리는 이야기라 할 수 있지만, 인도 사람들의 머릿속에는 이와 같은 우주적인 시간이 흐르고 있어요. 그들이 상대적으로 느린 것도 이와 관련을 지닌다고 볼 수 있어요. '느리다'는 것은 다른 말로 표현하면 '걸리는 시간이 길다'고 할 수 있잖아요?

수십억 년을 한 단위로 생각하는 게 인도 사람들이니까, 한 사람의 일생이라는 것은 그야말로 순식간입니다. 눈 깜짝할 새라는 것입니다. 우주적인 시간 개념으로 볼 때, 기껏해야 100년을 넘지 못하는 인간의 삶이라는 것은 한순간에 불과하다는 것입니다. 삶 전체가 단지 한순간이라면, 이 안에서 일어나는 일들이란 어떻겠어요? 찰나의 찰나라 할 수 있잖아요? 찰나의 찰나 속에서 빠르면 얼마나 빠르고 느리면 얼마나 느리겠습니까? 그야말로 오십보백보 아니겠어요?

이런 생각이 현저하기 때문에 인도 사람들은 전통적으로 경험적인 시간에 무관심했습니다. 지금 우리가 경험하는 세계라는 것은 무시무종(無始無終)으로 순환 반복하는 영원한 우주 주기의 지극히 짧은 찰나에 불과하다는 것입니다. 내가 마드라스 대학에 서류를 넣고 결과가 빨리 나오지 않는다고 속을 끓이고 있을 때, 그 담당 직원이 두세 달 기다리는 게 무슨 대수냐는 반응을 보였던 것은 오히려 당연한 일이었는지도 모릅니다.

유가설과 시간의 흐름

인도 사람들은 경험적인 시간에 큰 의미를 두지 않았을 뿐만 아니라, 경험적인 시간의 흐름을 발전보다는 퇴보라는 측면에서 파악하는 특징을 보입니다. 역사의 흐름이 퇴보라는 것은 이 사람들의 유가(yuga)설에서 분명하게 나타납니다. 유가설에 따르면, 우주의 순환은 끄리따(krita), 뜨레따(treta), 드와빠라(dvapara), 깔리(kali)라는 네 유가를 한 단위로 끊임없이 반복 순환하고 있는데, 이중에서 첫 단계에

속하는 끄리따유가 시대가 가장 정의롭고 순수한 시대인 반면에 마지막 단계에 해당하는 깔리유가 시대는 그 이전의 유가들에 비하여 가장 부패하고 타락한 시대가 됩니다. 우주가 생성된 후 첫 단계인 끄리따유가 시대는 다르마(dharma, 법과 진리)가 네 발[足]로 굳건하게 서 있는 시대라면, 지금 우리가 살고 있는 깔리유가 시대는 다르마가 외발로 위태위태하게 서 있는 말법기(末法期)라는 것입니다.

이러한 사고방식은 서양의 진화론적인 생각과는 상당히 다른 측면을 지니는 게 분명합니다. 유가설에서는 역사의 흐름을 퇴보로 보는 측면이 현저해요. 이미 천여 년 전에 인도 사람들은 우리가 살고 있는 이 시대의 타락상을 정확하게 내다보고 있었습니다. 깔리유가 시대에는 재산이 직위를 부여하고, 부(富)가 미덕의 유일한 원천이며, 성교가 부부 사이의 유일한 결합 원인이며, 어리석음이 성공의 밑천이 되며, 섹스가 유일한 향락 수단이 되는 시대라고 말합니다.

한 처음으로부터 우주가 전개되어 역사가 진행된다는 것은 본래의 순수 청정한 상태에서 점차 이탈해가는 과정이며, 그 끝에 우주의 파괴가 있다고 볼 수 있지요. 예를 들어 말하자면, 한 처음에 우주가 생성한다는 것은 건강한 피부에 종기가 생기는 것에 비유할 수 있으며, 우주의 파괴는 그 종기가 차츰 농익어 마침내 곪아 터지는 것으로 볼 수 있습니다. 물론 종기가 농익어 가는 과정에서 그 안에 새살이 돋아나는 것처럼 생성에서 파괴로 진행되는 우주 역사의 흐름 속에는 발전적인 측면이 전혀 없는 것은 아니지만, 적어도 한 방향은 환부가 차츰 넓어지고 통증도 심해지는 퇴보의 측면이 있지요. 유가설은 이 퇴보의 측면에 주목하고 있다고 볼 수 있습니다.

유가가 진행되는 과정에서 나타나는 또 다른 하나의 특징은 주기가 짧아진다는 것입니다. 갈수록 걸리는 시간이 짧아집니다. 끄리따유가는 172만 8,000년 동안 지속되지만, 유가가 진행될수록 그 기간이 짧아지며, 마지막 깔리유가는 끄리따유가의 4분의 1에 해당하는 43만 2,000년 동안 지속될 뿐입니다. 유가의 지속 기간이 짧아지는 것과 비례하여 인간의 수명도 짧아집니다. 끄리따유가 시대에 인간의 수명은 보통 4,000년이던 것이 깔리유가 시대에는 백 년 남짓할 정도로 단축된 것입니다.

유가설은 우리가 일반적으로 이해하는 '빠르다'는 것의 의미를 전혀 다르게 해석하게 하는 측면을 지닙니다. 일반적으로 빠르다는 것, 다시 말하여 시간이 적게 걸린다는 것은 발전의 의미로 해석됩니다. 속도의 증가는 곧 발전으로 받아들여지는 게 우리의 상식이라 할 수 있잖아요? 여러분이 더 잘 아는 것처럼, 인터넷 상에서 발전의 중요한 측면 가운데 하나는 전송속도가 빨라진다는 것입니다. 구닥다리 컴퓨터와 최신형 컴퓨터의 차이도 속도에 있다고 볼 수 있습니다. 이와 같이 일반적으로 우리는 빨라지는 것, 즉 시간이 적게 걸리는 것을 발전이라고 합니다.

그러나 유가설에서는 전혀 다른 양상으로 나타나는 것을 볼 수 있습니다. 걸리는 시간이 짧아지는 것, 빨라지는 것은 발전이 아니라 오히려 퇴보와 병행해요. 유가의 진행은 주기가 짧아지고 사람의 수명이 짧아지는 것으로 나타나는데, 이것은 결국 법과 정의가 점차 쇠퇴하는 탁악(濁惡)시대로 구체화된다는 것입니다.

　이미 말한 것처럼, 빠르다는 것이 무조건 부정적으로 이해될 필요는 없습니다. 알다시피 빨라졌기 때문에 편해진 것도 많아요. 상대적으로 모든 게 느리던 십 년 전보다는 분명히 지금이 편해졌지요. 백 년 전 같으면 몇 날 며칠을 고생하며 걸어가야 할 길을 비행기로 한 시간 만에 도착할 수 있게 된 것도 다 빨라진 결과 아닙니까?

　하지만 우리는 빨라졌기 때문에 생겨나는 여러 가지 문제점을 생각하지 않을 수 없습니다. 이 문제는 빛이 있으므로 당연히 그림자가 있다는 정도로 가볍게 넘겨버릴 수 없을 만큼 심각합니다. 예를 들어, 미래학자들이 지적하는 인간관계의 가변성은 이미 미래의 문제가 아니라 오늘 우리의 문제가 된 지 오랩니다. 사람들의 관계가 임시적이고 가변적으로 변하게 된 것은 우리가 빨리빨리를 추구해 온 당연한 귀결입니다. 인간관계가 임시적이라는 게 뭡니까? 사람과 사람의 관계에서 지속되는 시간이 짧아진다는 것입니다. 한마디로 말해서, 요즘 우리는 너무 쉽게 만나고 너무 쉽게 헤어져요. 이혼율이 급증하는 것도 이런 맥락에서 볼 수 있어요. 심지어 가족이라는 것도 예외가 아니잖아요? 유미리 식의 '가족해체'는 이제 우리 주변에서도 쉽게 볼 수 있는 현상입니다. 이 모든 것은 결국 빨리빨리를 추구해 온 현대인의 치명상이 아닌가 생각합니다.

　인간관계의 가변성은 사람과 사물의 관계가 임시적으로 변한 것과도 관련이 있습니다. 이전에 비하여 요즘 우리 주변에는 일회용이 눈에 띄게 많아지고 있어요. 그런데 일회용 컵이나 기저귀는 단지 환경문제를 일으키는 것에 그치지 않습니다. 우리의 사고방식에 지대한 영향을 준다는 점에 주목할 필요가 있어요. 사람과 사물의 관계가 일회용으로 바뀌는 것과 마찬가지로, 사람과 사람의 관계도 일회용으로 자리매김할 수 있습니다. 사람과 사람의 관계에서 그 지속되는 기간이 점점 짧아지고 있는 것이 현실이잖아요?

　가변적인 인간관계가 지니는 문제의 핵심은 깊이의 상실에 있습니다. 하루 이틀 사귄다고 해서 우정이 뭔지 사랑이 뭔지 알 수 있겠어요? 깊이를 추구하기 어렵습니다. 사람과 일의 관계도 마찬가지입니다. 한 우물을 파는 장인정신이 점차 사라지고 있잖아요? 이것 역시 우리가 빨리빨리를 추구해 온 결과입니다. 한 우물을 파는 장인정신은 이제 골동품이 된 지 오래지요. 기업이 그러는 것처럼, 각 개인 역시 '문어발식 영역확장'에 주력하고 있습니다. 깊이를 상실하게 되는 건 당연한 귀결이지요. 물론 폭과 깊이를 동시에 추구하기란 쉽지 않은 일이지만, 그럼에도 요즘 우리는 지나치게 폭에 치중하고 있습니다. 깊이보다는 폭에 치중하게 된 것도 결국에는 빨리빨리를 추구해 온 결과라고 할 수 있습니다. 느리게 가는 자전거 경주의 경우처럼, 적어도 느린 것이 무조건 무능한 것으로 간주될 필요는 없다고 봅니다.

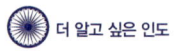 더 알고 싶은 인도

인도의 길거리에는 왜 똥이 많은가요?

전에 누가 인도에 다녀왔다 하기에 그 소감을 물어본 적이 있어요. "인도에 다녀온 소감이 어떤가요?" 하고 물었더니, 이 분의 대답이 참 재미있었어요. "똥바다!"래요. 아마 인도를 여행하면서 길거리에 지천하게 널린 똥이 무지 인상적이었던가 봐요.

사실 그래요. 상상이 잘 안 되겠지만, 인도에는 도시든 시골이든 길거리에 똥이 숱하게 많아요. 기차를 타고 여행을 하다 보면 어른 아이 할 것 없이 아침나절에 철로변에 나와 똥을 누는 장면도 흔하게 봅니다. 기차가 저속으로 마을을 지나갈 때도 마찬가지입니다. 지근 거리에서 태연하게 똥을 누며 차창 밖을 내다보는 승객을 빤히 쳐다 봐요. 바라보는 내가 오히려 민망할 지경이지요.

인도의 길거리가 왜 똥바다인가를 생각하기 전에 우선 똥이 뭔지 한번 생각해 볼까요? 똥이 대우받는 사회는 없었어요. 어디서나 똥은 무조건 피하는 게 상책이었지요. 우리 속담에도 뒷간과 사돈은 멀수록 좋다는 말이 있잖아요? 이른바 문명화 과정에서 필수적으로 고려되는 것 중의 하나는 바로 똥을 어떻게 갈무리할 것인가 하는 것입니다. 똥을 잘 갈무리하는 것은 곧 문명인의 상징이었지요. 지금도 그래요. 어떤 집의 문화적인 수준은 그 집 화장실을 보면 알 수 있다는 말도 있지요.

인도를 여행하는 사람들에게 인도가 지저분하다는 생각이 들게 하는 원인은 무엇보다도 똥을 잘 갈무리하지 못하기 때문이 아닌가 합니다. 요즘은 좀 사정이 달라졌지만, 도시든 시골이든 곳곳에 똥이 거든요. 남자들이 오줌을 누는 것은 언제 어디서든 가능해요. 과장이 아니라 대고 눌 곳이 있으면 그곳이 화장실이 됩니다. 담벼락이든 길가에 서 있는 자동차든 대고 누면 그만이지요. 어린아이들 이야기가 아닙니다. 어른들도 마찬가지예요. 어지간한 도시가 아니면 길가에 똥을 누는 것도 예사지요. 걸터앉기 좋은 곳이면 어디든 화장실입니다. 그러니까 길거리가 실로 지저분하기 짝이 없어요.

특히 우기가 되면 죽을 맛이지요. 학교에 갔다가 오는 길에 갑자기 장대비가 쏟아지기도 하거든요. 그때나 지금이나 첸나이는 하수도시설이 거의 없기 때문에 금방 큰길이 물바다로 변하고, 물이 정강이까지 차는 건 흔한 일입니다. 물을 차며 부지런히 걸어서 기숙사로 향하다가도 문득 '이거 전부 똥물인데' 하는 생각이 들기도 해서 혼자 씩 웃지요.

똥을 꺼리는 것은 인도 사람들이라고 예외일 수 없어요. 오히려 인도 사람들만큼 똥에 대하여 부정적인 생각을 하는 사람들도 드물 것입니다. 종교적인 의미에서 똥은 철저하게 부정한 것이며, 피해야 할 대상이었지요. 그러니까 가능한 한 집에서 멀리 두려고 했어요.

고대 인도사회에서는 집안에서뿐 아니라 마을 안에서 똥을 누는 것은 엄격히 금지되었어요. 힌두교 전통에서 똥을 누는 것은 마을 밖에서 이루어지는 하나의 종교의례였다고 보면 옳아요. 똥 누는 절차와 방식은 엄격하고 까다롭지요. 일단 마을 밖으로 나가서 깨끗한 곳에 자리를 잡고 앉습니다. 똥을 눌 때는 해나 달을 쳐다보아서는 안 되며, 다른 바라문이나 사원을 바라보아서도 안 됩니다. 똥을 내려다보아서도 안 되며, 끙끙거리는 소리를 내서도 안 돼요. 똥을 다 눈 다음에는 뒤도 돌아보지 않고 집으로 돌아가야 합니다. 과연 똥을 누는 절차가 까다롭지요?

알고 보면 건강한 사람의 똥은 음식물찌꺼기와 죽은 대장균이 굳어서 만들어진 덩어리에 불과하다고 해요. 위생학적으로 따진다 해도 그것은 식탁 위에 떨어진 음식보다 더 더럽고 지저분한 것으로 판단되어야 할 아무런 이유도 없다고 합니다.

그런데도 사람의 똥이 부정적인 것으로 비치게 된 까닭은 그것이 지니는 죽음의 이미지 때문입니다. 똥은 죽음의 상징이라는 말이지요. 다시 말하여 그것은 생명을 상실하고 몸 밖으로 흘러나오는 것이기 때문에 피해야 한다는 것입니다. 생리 중인 여자가 불길하다고 간주되는 것도 마찬가지 이유에서지요. 생리 때 몸 밖으로 흘러나오는 피는 죽음을 의미합니다. 이렇게 보면, 똥을 피하고 생리 중인 여자를 피하는 것은 더러워서가 아니라 생명이 빠져나간 주검처럼 무섭기 때문에 피한다는 말이 오히려 맞아요.

똥이 죽음의 상징인 것은 우리의 경우도 마찬가지였던 것 같아요. 우리가 화장실을 뒷간이라고 부를 때, 뒤는 북쪽과 통하고 북쪽은 어둠과 죽음의 이미지를 지닌 방위입니다. 서방은 정토인 반면에 북망산천은 죽어서 가는 곳이지요.

사정이 달라지고 있기는 하지만 인도의 시골에는 아직도 화장실이 없는 게 일반적입니다. 똥을 누면 풍덩 소리가 나던 푸세식 변소도 없어요. 이른 아침에 물병 하나 달랑 들고 동구 밖으로 나가는 사람들을 쉽게 볼 수 있습니다. 실내 화장실이 등장한 것은 최근의 일이지요. 도시에 사는 사람들은 똥을 누기 위하여 도시 밖으로 나가는 것이 불가능하잖아요. 그래서 부득이하게 집 안에 화장실을 갖출 수밖에 없었지요. 집 없는 사람들이나 집이 있어도 가난한 사람들은 화장실을 엄두도 못 냅니다. 똥을 누고 나서는 왼손으로 밑을 닦기 때문에 화장실에 반드시 수도꼭지를 달아야 하는데, 그 비용이 만만찮다는 것이지요. 따라서 대부분의 서민들은 아직도 인적이 드문 길가에서 일을 볼 수밖에 없어요.

해안을 끼고 있는 마을에서는 으레 바닷가가 변소(便所)입니다. 여러분들은 아마 '변소'라는 말을 잘 모를 수도 있겠네요. 이전에는 화장실을 변소라고 했어요. 이른 아침 첸나이의 그 넓은 마리나비치에 나가면, 사람들이 단체로 앉아서 망망대해를 바라보며 똥을 눕니다. 지금도 그 광경이 눈에 선해요. 일이 끝나면 바닷물로 밑을 씻어요. 위생적이잖아요? 바닷가라고 아무데나 누는 건 아니었어요. 나름대로 불문율이 있어요. 파도가 올라온 자국이 남아 있는 모래밭은 온통 지뢰밭이지요. 덕분에 멀리 수평선을 바라보며 우아한 산책을 즐기는 것은 어려워요. 항상 발밑을 주의하지 않으면 언제 똥을 밟아 변을 당할지 모르기 때문이지요.

그러나 이른 아침 바닷가에서 똥을 누고 있는 이들을 바라보면, 멀리 수평선을 바라보며 우아한 산책을 즐기는 것이 전부는 아니라는 생각이 들어요. 중요한 많은 것들을 나도 모르게 잃으며 살아가는 문명인의 감상인지도 모르지요. 우아해질수록 나른해지는 것이 인류 문명사가 아닌가 하는 생각도 들어요.

누구의 말처럼, 그리운 것들은 산 뒤에 있어요. 그 산 너머에 있는 것 중의 하나는 강가나 들판 아무데서나 똥을 누고 오줌을 싸갈기던 어린 시절의 기억이지요. 한 평 남짓한 화장실에 갇혀 담배 연기와 악취에 시달리는, 구지레한 문명인이 되느니 차라리 아무데나 오줌을 싸갈길 수 있었던 원시의 호쾌함이 도리어 바랄만한 쾌한 일이 아닐까 하는 생각이 들기도 합니다. 그러나 그리운 것들은 이미 산 너머에 있지요. 선택의 여지가 없습니다. 이제 누구든 도시에 사는 이상 똥은 집 안에서 갈무리할 수밖에 없잖아요?

그러나 아무리 집 안에서 똥을 잘 갈무리한다 해도, 설사 앉으면 엉덩이가 닿는 부분이 저절로 따뜻해지고 서늘해지는 최첨단 장치를 단 변기를 들인다 해도, 어린 시절 강가나 들판에 오줌을 싸갈기던 그 시원함과 호쾌함이 다시 있을 것 같지는 않아요. 잃어버린 것에 대한 그리움은, 단지 추억이 인간의 급소이기 때문만은 아닐 것입니다.

쇠똥을 귀하게 여기는 까닭

똥이라고 무조건 피하고 멀리하는 것은 아닙니다. 쇠똥은 예외라고 할 수 있어요. 사람의 똥은 그것이 설사 바라문의 똥이라 해도 피하고 또 피해야 할 것이 분명합니다. 그러나 쇠똥은 전혀 다른 대우를 받아요. 소 이외의 다른 짐승들, 예를 들어 개나 돼지 혹은 염소의 똥은 쇠똥과 사람 똥의 중간 정도의 위상이지요. 똥에도 차별이 있고 계급이 있는 셈입니다. 카스트의 위계상 사람 똥을 치우는 사람은 개똥을 치우는 사람보다 훨씬 낮고 천한 신분입니다.

인도 사람들에게 쇠똥이 특별대우를 받는 것은, 우선 소를 숭배한다는 종교적인 이유 때문입니다. 소가 신성한 동물로 숭배되기 때문에 소에서 나오는 것은 모두 신성한 것이라는 믿음이 널리 성행하지요. 이들의 믿음으로는 우유뿐만 아니라, 쇠똥과 쇠오줌도 신성한 것입니다. 소의 다섯 가지 부산물, 즉 우유·기(ghee)·응유·쇠똥·쇠오줌을 섞어 만든 판차가비야(pañcagavya)는 민간에서 만병통치약으로 쓰입니다. 또한 판차가비야를 먹는 것은 영혼의 오염을 정화하는 가장 효과적인 방법 중의 하나로 인정되기도 하지요.

옛날 이야기가 아닙니다. 요즘도 시골에서는 소의 꽁무니를 따라다니면서 쇠똥을 주워 담는 아낙들을 흔히 볼 수 있어요. 신심 깊은 힌두교인들은 소의 뒤꽁무니에서 손으로 오줌을 받아 마시는 경우도 있지요. 쇠오줌으로 몸을 씻는 것은 정화 목욕의례의 한 형태입니다. 심지어는 소떼가 흙길을 지나갈 때 일어나는 흙먼지를 일부러 뒤집어쓰기도 해요. 효과만점의 먼지 목욕이지요. 소 발자국 속에 남아 있는 먼지는 약으로도 쓰인다고 합니다.

쇠똥이 대우받는 것은 소 숭배라는 종교적인 이유가 있는 것이 사실이지만, 사람들의 필요와도 관련이 있어요. 이것은 마치 우리 조상

인도에서 소는 신성한 동물로 숭배되며 소에서 나오는 것은 모두 신성하다는 믿음이 널리 퍼져 있다.

들이 뒷간은 멀리 있을수록 좋다고 믿으면서도 농사를 위한 거름으로 필요했기 때문에 인분을 소중하게 여겼던 것과 마찬가지입니다. 농가에서 똥은 거름으로 사용되었지요. 농사꾼이라면 똥은 반드시 집에 와서 누어야 합니다. 요즘 도시에서는 누가 몰래 자기 화장실에 똥을 눌까 염려하여 문을 자물쇠로 채워두어야 하는 형편이지만, 해방 전후만 해도 밤에 똥을 퍼가는 도둑이 있었다고 합니다.

인도에서 천연가스가 보급되기 전에 쇠똥은 가정에서 가장 중요한 연료였지요. 지금도 시골에서는 취사용 연료로 쇠똥 말린 것을 씁니다. 시골 동구 밖에는 볏가리처럼 쌓아올린 쇠똥무더기가 있고, 담벼락에 덕지덕지 붙여놓은 빈대떡 같은 쇠똥을 볼 수 있지요. 도시에

시골에서는 쇠똥이 중요한 연료로 쓰인다.

서도 길거리에 사는 사람들은 쇠똥 말린 것으로 불을 피워 밥을 해먹습니다.

시골 마을에서는 방바닥이나 흙 부엌의 부뚜막에 소똥과 진흙을 이긴 것을 발라 정화하고 깨끗하게 해요. 실제로 쇠똥 칠은 벌레가 생기지 않게 하고 습기도 막아주는 효과가 있어요. 곡식을 담아 보관하는 대나무로 만든 그릇의 경우에도 쇠똥 칠을 하여 볕에 말려 쓰지요.

천연가스 사용이 일반화된 도시의 경우에는 이제 쇠똥이 필요 없어졌어요. 이와 더불어 소 숭배도 점점 옛말이 되고 있습니다. 과연 소를 도시의 길거리에 그냥 방치할 것인가에 대하여 찬반 논란이 많아요. 뉴델리 길거리에서 소가 사라진 것은 이미 오래된 일입니다. 소를 도시 바깥으로 몰아내야 한다는 이유로는 우선 쇠똥이 도시 미관상, 위생상 문제가 있다는 것이지요. 이제 더 이상 쇠똥이 필요 없으니, 소도 옆에 둘 이유가 없다는 것입니다.

  사람인 이상 모든 것을 필요에 따라서 또는 편의에 따라서 이러기도 하고 저러기도 하는 것은 당연한 이치지요. 그것을 알면서도 인도에서 소가 동네 밖으로 내몰리고 쇠똥이 불결한 것으로 기피되는 발빠른 현실이 두려운 것 또한 사실입니다. 더러운 것에 대한 목록에 또 한 가지를 보태는 것도 문제려니와, 2,000년을 넘게 맺어 온 사람과 소의 관계, 취사와 쇠똥의 관계를 일시에 무너트리는 가볍디가벼운 천연가스가 두려운 것이지요. 혹 이것이 사람과 사람의 관계조차도 일시적인 관계로 바꾸어놓는, 가볍디가벼운 시대의 전주곡은 아닌지 모를 일입니다. 변하더라도 천천히 변하기를 바랄 뿐이지요.

10
포기의 철학

힌두교 전통에서 욕망이란 무조건 억누르고
부정한다고 해결되는 문제가 아니라고 봅니다.
마음가짐이 달라지지 않는 한 욕망은 채워지지 않습니다.

느린 변화의 저력

지난 시간에는 인도 사람들의 느림보 기질에 대해서, 그리고 '빠르다'는 것이 지니는 양면성에 대해서 이야기했습니다. 빨리빨리, 많이 많이를 추구하는 우리 사회의 맹점이 무엇이라는 것도 지적했습니다. 주변을 둘러보면, 우리는 지금 '게으를 수 있는 권리'를 아예 포기하고 사는 게 아닌가 하는 생각이 들 정도로 지나치게 바빠요. 시간적으로 항상 뭔가 꽉 짜여 있지 않으면 불안해 합니다. 이건 우리나라가 아이엠에프를 겪을 때 직장인들이 휴가를 받아서 집에서 쉬고 있는 동안 그사이 혹시 자기 자리가 없어지지나 않을까 불안해 하는 것과는 다른, 더욱 본질적인 불안입니다. 우리는 알게 모르게 이미 빨리빨리에 길들여져 있습니다. 그렇기 때문에 여유가 없어요. 시간적으로 여유가 생긴다 해도 오히려 그 여유를 불안해하는지도 모릅니다.

사람들이 자주 내게 물어오는 질문 중의 하나는 '인도의 매력이 뭐냐'는 것입니다. 여러분은 인도의 매력이 뭐라고 생각해요? 요가인가요? 예쁜 여자들인가요?

물론 그런 것도 인도의 매력이라 할 수 있을 것입니다. 인도 여자들이 예쁘다는 건 세계가 다 아는 사실입니다. 그러나 내가 보기에 인도의 가장 큰 매력은 느리게 변한다는 것입니다. 모든 게 천천히, 거의 느낄 수 없을 정도로 변해 갑니다. 이것은 인도의 매력인 동시에 저력이기도 합니다. 인도가 수천 년의 역사를 통하여 그 자체의 고유한 문화와 사상을 올곧게 보전할 수 있었던 것은 바로 이들의 느림보 기질 덕분이 아닌가 생각해요. 설사 긍정적인 방향으로의 변화라 해도 빠르게 몰아치는 법이 없어요. '느리게 느리게' 갑니다.

이들의 느림보 기질은 전통을 중시하는 경향으로 나타납니다. 내가 알기로 서양 문명의 영향을 받은 나라치고 인도 사람들만큼 자신들의 전통을 생활 속에 그대로 지켜나가고 있는 사람들은 없습니다. 물론 인도가 외부 문화에 큰 영향을 받지 않을 수 있었던 것은 인도가 지니는 지리적인 특수성 때문이라고 할 수도 있습니다. 인도를 흔히 아대륙(亞大陸)이라 하는데, 사실 섬이나 마찬가지입니다. 동쪽에 벵골 만, 서쪽에 아라비아 해, 그리고 남쪽에 인도양으로 둘러싸인 반도처럼 생겼지만, 북쪽에는 이 세 바다보다 더 깊고 넓은 바다가 있습니다. 히말라야라는 대해(大海)가 펼쳐져 있지요. 그렇기 때문에 다른 나라에 비하여 외부의 문물이 쉽게 드나들 수 없는 측면이 분명히 있습니다.

그러나 역사적으로 볼 때 이미 기원전 3세기경부터 서양문명이 인도에 들어왔고, 한때는 수백 년 동안 이슬람 왕조가 인도를 통치한 적도 있다는 사실을 생각해 보면, '인도의 불변'이 반드시 지리적인 특성 때문만은 아니라는 것을 알 수 있습니다.

알다시피 근세 200년 동안 영국의 식민지로 있었지만, 인도 전역에 철도 시설이 좋아지고 비영어권 나라 중에서 영어를 가장 잘하는 사람들이 된 것 이외에는 영국 식민지의 흔적이 그다지 보이지 않습니다. 인도의 문화나 사상에는 큰 변화가 없다는 이야기입니다. 지금

영화배우 출신 정치가인 남인도 따밀나두 주(州) 주지사 자야 랄리따(Jaya Lalita)는 항상 쪽머리에 사리 차림이다.

도 남인도에서는 성인 여자들의 95퍼센트 이상이 전통의상인 사리를 입어요. 인도의 정치 지도자들은 어떤 경우에도 공식석상에서 양복을 입지 않습니다. 인도 전통의상을 고수하지요. 양복이 '정장'이 된 지 오래인 우리나라의 경우를 생각하면, 인도 사람들의 전통 중시는 분명히 뭔가 다른 게 있어요. 아무튼 내가 보기에 인도의 '불변'은 인도 사람들 고유의 느림보 기질과 상당한 관련을 지니는 게 분명합니다.

  이에 비하여 우리는 지나치게 급해요. 다른 나라 사람들의 만만디가 우리 눈에 유독 잘 들어온다는 것도 결국 우리가 너무 급하다는 이야기가 됩니다. 급격한 변화에는 반드시 문제가 따르게 마련입니다. 설사 좋은 방향으로 변하는 것으로 보인다 할지라도, 급격한 변화는 반드시 문제를 일으킵니다. 이건 모든 유기체에 적용되는 필연적인 법칙이라 할 수 있어요. 지난 40여 년간 급격한 변화(설사 경제 발전이라는 긍정적인 측면이 있다 해도)를 겪은 우리 사회가 요즘 온갖 부작용으로 시달리는 것처럼, 생살을 빼는 급격한 다이어트는 죽음을 부를 수도 있습니다. 지나친 비만은 여러 가지 질병의 원인이 된다고 볼 때, 식사나 운동을 통하여 체중을 조절하는 것은 건강을 위하여 매우 바람직하지만, 급작스런 체중감량을 하면 몸에 무리가 오는 건 당연하다는 것입니다. '체중파괴', 잘못하면 아예 몸을 망치는 수가 있어요.

우리 몸에 균형이 무너지는 것을 질병이라고 하는데, 건강을 회복하려면 무너진 균형을 바로잡는 게 급하잖아요? 그럼에도 가능한 한 천천히 바로잡을 필요가 있어요. 우선은 고통스럽겠지만, 그래야 부작용을 줄일 수 있기 때문입니다. 전에 어느 소아과 의사를 인터뷰한 신문기사를 보았는데, 기자가 어떤 병원이 아이들에게 좋은 병원이냐고 물었거든요? 그러니까 그 의사 대답이 감기약을 지었을 때 가장 천천히 낫도록 처방해주는 병원이 좋다는 것이었습니다. 일리 있는 말입니다.

이상적인 삶의 네 단계

오늘 아침에는 인도 사람들이 생각하는 이상적인 삶에 대해서 생각해 보고자 합니다. 우리가 보기에 마냥 느리기만 하고, 게으른 것처럼 보이는 인도 사람들이지만, 수천 년의 역사를 통하여 이들이 축적해 온 삶에 대한 통찰은 오늘 우리에게 시사하는 점이 많아요. 비록 지금 이들은 정신세계의 풍요는 고사하고 물질적인 빈곤에 시달리고 있지만, 그게 인도의 전부는 아닙니다. 길거리에 널린 것이 체념이고 거지들이지만 그게 전부는 아니라는 것입니다. 신화적인 역사는 별개로 하더라도 수천 년 인도역사를 고려한다면, 오늘날 우리가 보는 인도는 지극히 짧은 한순간에 지나지 않는다고 보아도 무방합니다. 인도가 거지들의 천국이 된 것은 5,000년 역사 중에 길어야 100, 200년에 불과하거든요.

우선 이들이 생각하는 이상적인 삶이 어떤 것인지 구체적으로 살펴보겠습니다. 이들은 사람이 태어나서 죽을 때까지 대개 네 단계를 거치는 것을 이상적인 삶의 형태로 칩니다. 이 네 단계의 삶을 통하여 부와 욕망 그리고 자기 본래의 의무를 실현함으로써 결국 해탈을 이루자는 것이 삶의 가장 중요한 목적입니다.

첫 단계(學生期, 1~25세)는 금욕과 학습의 기간이라 할 수 있는데, 이 기간 동안에는 경전(베다)을 공부하고 카스트의 구성원으로서 각자가 해야 할 의무를 익히는 데 전념합니다. 남녀의 성적인 접촉을 금하는 금욕이 강조되는 기간이지요.

이런 과정을 거치고 나면 결혼을 하고 가정을 이루는 단계(家住期, 26~50세)로 접어듭니다. 결혼은 남녀가 정신적 육체적인 사랑을 하고, 이를 통하여 희로애락의 온갖 감정들을 체험한다는 점에서 중요합니다. 물론 자식을 낳고 대를 잇는 것도 중요해요.

세 번째 단계(林棲期, 51~75세)는 앞의 두 단계를 통하여 이룬 경제적인 기반과 가업을 후손에게 물려주고 숲으로 들어가 명상에 임하는 단계입니다. 손자가 생기거나 '귀밑머리가 희끗희끗해지면' 대개 이 단계가 시작된다고 봅니다.

마지막 단계(遊行期, 75~100세)는 숲에서 나와 운수(雲水)의 길을 떠나는 시기가 됩니다. 이때는 탁발이 주요 생계수단이 되지요. 모든 집착을 떨쳐버리고 세상을 주유하며 지금까지 자신이 배우고 명상한 내용들을 현실 속에서 다시 몸으로 확인하는 단계라 할 수 있습니다. 이 단계에 있는 유행자(遊行者)를 흔히 산야신(Sannyāsin)이라 부릅니다. 산야신은 스스로 자신의 모든 것을 버린 사람입니다. 포기한 자라 할 수 있지요.

힌두교인이라면 누구나 산야신이 되기를 원합니다. 결국에는 모든 것을 버리고 떠나기를 원한다는 것입니다. 현실적인 삶은 그 자체가 목적이 아닙니다. 삶은 그 너머의 무엇을 가리키는, 그 너머의 어디엔가 도달하기 위한 수단에 불과합니다. 이들에게 종교가 곧 삶이라는 것은 바로 이런 의미를 지닙니다. 삶은 그야말로 철저하게 '자기초월적 상징체계'라 할 수 있어요. 결코 그 자체가 목적이 아닙니다. 그것은 강을 건너기 위한 뗏목에 불과한 것이며, 달을 가리키는

'산야신'은 모든 집착에서 벗어나 거침없이 세상을 유행한다.

손가락에 지나지 않아요.

그렇다고 해서 현실적인 삶이 무의미하다는 건 아닙니다. 무소유의 삶을 사는 산야신이 되는 게 궁극적인 목적이라 할 수 있지만, 이들은 부(富)와 몸의 욕망을 삶 속에서 이루는 것도 매우 중요한 것으로 봅니다. 인생의 네 단계 중에서 두 번째 단계는 실상 여기에 전념하는 단계라 할 수 있어요. 사실 이 점에서 힌두교는 불교와 완전히 다른 양상으로 나타납니다. 불교는 출가자 중심의 종교라 할 수 있지요. 다시 말해서 처음부터 아예 모든 것을 다 버리고 출가하여 수행에 전념하는 것을 이상적인 삶으로 봅니다. 이에 비해서 힌두교는 출가하기 전에 우선 세속의 삶을 체험하게 합니다. 가장이 되어 돈도 벌고 부부싸움도 해 본 다음에 출가하게 해요. 남녀 간의 정신적인 사랑뿐만 아니라, 적나라한 몸의 욕망을 체험하는 것도 중요합니다. 세속의 삶과 출가의 삶을 별개로 보는 것이 아니라, 그 둘을 연속적인 것으로 생각한다는 것입니다.

결국 버리고 떠나는 것이 세속의 삶이지만, 그럼에도 그것은 꼭 필요한 과정으로 봅니다. 어떤 의미에서 보면, 세속의 삶에서 성공한 사람만이 출가할 자격이 있다고 할 수 있습니다. 아무나 산야신이 될 수 있는 게 아니지요. 버리기 위해서는 우선 뭔가 가진 게 있어야 할 것 아닙니까? 가진 자만이 버릴 수 있습니다. 아무것도 가진 게 없는 사람이 나는 모든 것을 다 버렸다고 말한다면, 그건 한마디로 코미디에 지나지 않지요. 만물에 대한 자비나 인류에 대한 사랑을 이야기하기 전에, 우선 남녀간의 애정이나 부모 자식 간의 사랑을 체험해야 한다는 것입니다.

알다시피 종교든 사랑이든 그건 이론이 아닙니다. 체험의 장이라 할 수 있지요. 사랑이 뭔지 알고자 한다면, 사랑에 관한 백 권의 책을 읽는 것보다는 차라리 한 여자를 또는 한 남자를 사랑해 보는 것이 낫습니다. 우리가 책에서 얻을 수 있는 것은 사랑 그 자체가 아니라, 고작해야 사랑에 대한 지식일 뿐입니다. '무엇에 대해서' 안다는 건 이미 한 다리 건너 있다는 것을 의미합니다. 종교도 마찬가지입니다. 체험의 장입니다. 직접 뛰어들어 체험하는 게 중요합니다.

불교의 창시자인 붓다는 출가하기 전에 인도의 전통적인 삶의 단계에 따라 결혼도 하고 라훌라라는 아들도 있었습니다. 이 점은 중요한 의미를 지닙니다. 붓다는 인생의 불안과 번뇌를 통찰하고 이로부터 벗어나는 길을 탐구했습니다. 이 과정에서 붓다는 삶의 고통이 애욕으로 대표되는 욕망에 뿌리내리고 있다는 것을 알았지요. 우리가 고통에서 벗어나기 위해서는 어떤 형태로든 이 욕망을 해소해야 된다고 볼 수 있는데, 이에 대한 붓다의 가르침이 설득력이 있었던 것은 어떤 의미에서 그가 이미 결혼을 통하여 애욕의 실체를 알고 있었기 때문이라 할 수 있습니다. 애욕의 실체를 체험으로 알고 있었기 때문에, 그것을 극복하는 것이 얼마나 어려운지도 알고 있었지요. 애욕과 욕망에 대한 가르침이 단지 이론이 아니라 스스로 경험한 내용을 바탕으로 하고 있다는 것입니다.

몸의 병을 고치는 의사와 마음의 병을 고치는 의사의 차이점도 여기에 있습니다. 몸의 병을 고치는 의사는 반드시 환자의 병을 체험할

아잔따(Ajanta) 석굴사원. 붓다(Buddha)라는 말은 깨달은 자를 의미하는 보통명사이지 특정한 인물을 가리키는 고유명사가 아니다. 누구나 깨달으면 붓다가 될 수 있다.

필요가 없습니다. 다시 말하여 암 환자를 치료하는 의사는 암을 앓았던 경험이 없어도 괜찮아요. 그러나 마음의 병을 고치는 의사는 다릅니다. 환자의 병을 앓았던 경험이 필요합니다. 환자가 앓았던 것보다 훨씬 깊이 그 병을 앓았던 경험이 의사에게 필요합니다. 그래야 마음의 병을 고칠 수 있어요. 나의 슬픔을 고칠 수 있는 의사는 지금 나의 슬픔보다 더 큰 슬픔을 체험한 사람이어야 합니다. 그래야 내 슬픔의 실체를 알 수 있기 때문입니다. 그건 이론이나 실습으로 익힐 수 있는 게 아닙니다. 슬픔은 연습할 수 있는 게 아니거든요.

아무튼 붓다가 결혼하여 애욕의 실태를 알았다는 것은 그의 가르침에 적잖은 의미를 지닌다고 볼 수 있습니다. 붓다가 인도의 전통적인 삶의 방식과는 달리 제자들에게 처음부터 철저한 금욕을 강조한 것도 어떤 점에서 보면 자신의 체험에서 나온 결론에 따른 것이라 볼 수 있습니다. 애욕이라는 것은 일단 체험하게 되면, 그것을 끊고자 한다고 해서 쉽게 끊을 수 있는 게 아니라는 것입니다. 아마 여러분도 한 번쯤은 이런 체험을 했겠지요. 사랑에 빠지면 눈에 콩깍지가 씌고, 아무것도 보이지 않거든요. 염산은 쇠를 녹입니다. 그러나 연산(戀酸)은 이보다 더 독해요. 영혼을 녹입니다. 그러니까 붓다의 결론은 아예 애욕의 실태를 체험하지 않고 바로 수행에 전념하는 것이 낫다는 겁니다.

이에 비하여 힌두교 전통에서는 애욕과 욕망에서 벗어나려면 먼저 그 실태를 체험할 필요가 있다는 입장입니다. 욕망 자체의 포기가 아니라 욕망 속에서 욕망을 초월한다는 것입니다. 불교든 힌두교든 궁극적으로 모든 욕망에서 벗어나 자유로운 해탈의 경지에 이르는 것을 목표로 한다는 점에서는 동일합니다. 이 과정에서 욕망이 제어될 필요가 있다는 점에 대해서도 두 전통은 일치합니다. 그러나 욕망이 제어되는 과정에 대해서는 두 전통이 상당히 다른 입장을 보입니다.

욕망 속에서 욕망을 초월하다

힌두교 전통에서는 욕망이란 무조건 억누르고 부정한다고 해결되는 문제가 아니라고 봅니다. 억누를수록 더욱 강하게 일어나는 것이 애욕이고 욕망이라는 것입니다. 이들에게 욕망은 피해야 할 대상이 아니라, 오히려 적극적으로 실현해야 할 인생의 목표지요. 이 점은 힌두교에서 욕망(kāma)을 인생의 네 가지 목적 가운데 하나로 간주한다는 사실에서도 분명합니다. 욕망은 피하고 억제하기보다는 적극적으로 바르게 실현될 때 비로소 해결된다고 보는 것이 힌두교의 입장이라면, 불교는 근본적으로 인간의 욕망에 대해서 부정적입니다. 가능한 한 피해야 한다는 것입니다. 일단 여자를 알고 남자를 알게 되면 이에 초연해지고 싶다 해서 쉽게 초연해질 수 없다는 거지요. 초기 불교 교단에서 오랫동안 여자 수행자를 인정하지 않은 것도 불교의 이런 입장을 단적으로 보여줍니다.

불교의 입장에서 볼 때, 어떤 의미로든 욕망을 실현한다는 것은 자아를 강화하는 작업에 다름 아닙니다. '나' 또는 '나의 것'이라는 생각이 있기 때문에 욕망이 일어나는데, 그걸 들어준다는 것은 끝없이 자아의식을 강화할 뿐이라는 것입니다. 무아(無我)라는 것은 집착을 끊자는 것이고, 집착을 끊어야 비로소 욕망에서 자유로울 수 있다는 것입니다. 욕망을 채운다는 것은 독에 물을 채우는 것과 달라요. 채우고 채워도 끝이 없는 게 욕망이잖아요? 혹시 여러분 중에 이 세상에서 자신이 벌고 싶은 만큼 돈을 벌고 죽었다는 사람이 있었다는 이야기 들어본 사람 있어요? 절대로 없습니다. 억만장자라도 '이만하면 벌 만큼 벌었다'고 만족하지 못하는 게 사람이거든요. 그게 인간의 욕망입니다.

두 전통의 차이는 욕망을 극복하기 위하여 그것을 체험하게 할 것인가, 아니면 아예 멀리하게 할 것인가 하는 점에 있습니다. 여러분은 어떻게 생각해요? 두 길 중에 하나를 택하라 한다면, 어떤 길을 택할 것 같아요? 돈을 벌어 억만장자가 되어봐야 돈에 대한 집착에서 벗어날 수 있을 것 같아요, 아니면 아예 돈이 뭔지도 모르고 사는 게 나을 것 같아요?

"돈이 뭔지도 모르면서 돈에 대한 집착을 버린다는 것은 모순 아니겠습니까? 우선 돈을 벌어봐야 한다고 생각합니다."

논리적으로 따진다면 그렇습니다. 그러나 반드시 그렇지는 않아요. 욕망이든 애욕이든 우리의 감정이라는 것은 반드시 논리적이고 합리적인 방향으로 움직이지 않을 수도 있기 때문입니다. 방금 이야기했듯이 돈은 양적으로 계측할 수 있는 것이지만, 욕망은 그렇지가 못해요. 욕망은 양적으로 채워지는 게 아닙니다. 옥상에 있는 물탱크는 물이 가득 차면 저절로 스위치가 올라가서 더 이상 물을 받아들이지 않지만, 욕망은 달라요. 어느 정도 차면 '그만' 하고 자동스위치가 켜지는 게 아니라는 것입니다. 욕망은 양적으로 채워지는 게 아니기 때문입니다. 채워도 채워도 '더 채워라' 하는 것이 욕망이거든요.

우리나라에서 누가 제일 부잡니까? 이건희 씨인가요? 여러분 중에 평생 동안 이건희 씨만큼 돈 벌 수 있는 사람 있어요? 사람의 일이라 알 수 없지만, 아마 어려울 것입니다. 평생 돈을 번다 해도 그만한 부자가 되기 어렵다는 것입니다. 그러면 이제 생각해 봅시다. 이건희 씨가 부(富)에 대한 집착을 버린 것 같아요? 아닙니다. 그럴 리가 없어요. 노년에 접어들면서 그의 부에 대한 욕망은 본인이 아니라 2세를 통하여 나타나고 있지만, 따지고 보면 그게 그거 아닙니까? 사람이라면 누구나 그렇듯이 2세에 애착하는 것은, 2세가 자신의 분신, 다시 말해서 자신의 연속 또는 확장이라 생각하기 때문입니다. '자식은 곧 나'라는 것입니다.

아무튼 돈이든 재산이든 물량적인 것으로 인간의 욕망을 채운다는 것은 불가능합니다. 돈으로 돈에 대한 욕망이 채워지기를 기대하는 것은 마치 거미줄로 바람을 잡으려 하는 것과 같다 할 것입니다.

돈에 대한 욕망의 끝을 보는 사람은 우리나라 제일 부자가 아니라, 평생 모은 돈을 아무 조건 없이 학교에 희사한 '김밥할머니'일 것입니다. 여러분, 신문에서 이 할머니에 대한 기사 봤지요? 그 할머니가 뭐라고 했는지 알아요? "어떻게 평생 모은 재산을 아무 조건 없이 몽땅 학교에 희사할 수 있었느냐?"고 기자가 물으니까 "나는 이제 더 이상 재산 모으는 일에 마음 쓰지 않는다"고 했어요. 빈말이 아닙니다. 어떤 의미로든 이 할머니는 이미 돈에 대한 욕망을 넘어서고 있는 것입니다. 우리나라 제일 부자가 과연 이런 생각을 할 수 있겠어요? 쉽지 않습니다. 마음가짐이 달라지지 않는 한, 욕망은 채워지지 않습니다. 해결되지 않는다는 말입니다. 양적인 추구가 아니라 질적인 변화가 필요해요.

당연한 이야기지만, 양적인 추구가 질적인 변화와 전혀 무관하다는 건 아닙니다. 어떤 의미에서 보면 양적인 변화의 추구 끝에 문득 질적인 변화가 일어난다고 볼 수도 있어요. 마르크스의 변증법에서 주장하는 것처럼 말입니다. 돈을 벌고 또 벌다 보면 문득 돈에 대한 욕망의 실체를 꿰뚫어 보는 통찰이 일어날 수도 있다는 것입니다. 그러나 이런 경우는 드문 것 같습니다. 그야말로 '부자가 천국에 가는 것은 낙타가 바늘구멍 빠져나가기보다 어렵다'는 것입니다. 대개는 돈을 벌수록 돈에 대한 집착이 커지는 법이거든요.

돈을 벌고 경제적으로 부유해지면 사람들은 대개 두 가지 경향으로 움직이게 됩니다. 망가지거나 아니면 더 고차적인 정신세계를 생각합니다. 지금 우리 사회가 바로 이런 시점에 와 있다고 볼 수 있어요. 먹고살만해지니까 룸살롱으로 가든가 아니면 명상센터로 갑니다. 방콕으로 떠나든가 인도로 떠납니다. 이전에 비해 우리 주변에 이런저런 유의 명상센터가 늘어나고 있다는 것은 아마 여러분도 피부로 느낄 수 있을 것입니다. 그러나 부패한 후기 자본주의의 징후는 이와는 비교가 되지 않을 정도로 급격히 늘고 있잖아요? 이런 걸 보면, 물질적인 풍요는 정신적인 풍요가 아니라 오히려 정신적인 황폐 내지는 공황으로 치달을 가능성이 높다 해야 할 것입니다.

그럼에도 정신세계의 풍요는 반드시 물질적인 풍요를 전제로 한다고 봐야 합니다. 이건 내 이야기가 아니라 정신의 나라라고 하는 인도의 현실이 말해주고 있는 진실입니다. 내가 마드라스 대학에 입학했을 때, 인도 학생들의 반응이 어땠는지 알아요? 한마디로 말해서, '인도사상을 공부한다고 돈이 나오느냐, 밥이 나오느냐' 주로 이런 반응이었지요. 당장의 끼니가 걱정인 사람들에게 명상과 요가는 아무런 의미가 없어요. 정신적인 추구는 분명히 어느 정도의 물질적인 성취를 필요로 합니다. 요즘 들어 인도사상에 대하여 관심을 보이는 사람들은 가난한 인도 사람들이 아닙니다. 물질의 풍요를 체험한 서구 사람들이 오히려 요가나 명상에 관심을 가집니다.

힌두교의 이상적인 삶의 네 단계가 시사하는 것도 바로 이런 점입니다. 해탈이라는 고도의 정신적인 욕구를 추구하기 위해서는 우선 경제적인 기반을 다질 필요가 있다는 것입니다. 학생기와 가주기는 바로 이런 목적으로 요구됩니다. 결혼을 하여 가장이 된다는 것은 단순히 아들 낳아서 대를 잇고 조상에 대한 제사를 지내게 한다는 의미가 아닙니다. 이미 말한 것처럼, 세속의 삶은 그 자체가 목적이 아니라 하나의 상징이지요. 그 너머의 무엇을 가리키는 손가락입니다.

포기의 철학

앞에서 말한 네 단계는 각기 그 자체로 의미를 지니는 것이 아니라, 그 다음 단계를 위하여 있다고 볼 수 있습니다. 학생기는 가주기를 위하여 있고, 가주기는 임서기를 위하여 있어요. 또한 임서기는 유행기를 위하여 있다는 것입니다. 학생기에서의 금욕은 그 자체로 의미를 지니는 것이 아니라, 그다음 단계인 가주기에서 남녀의 성교를 체험할 때 의미를 지닙니다. 마찬가지로 가주기에서 체험하는 남녀의 성교는 그 자체로 의미를 지니는 것이 아니라, 숲에서 명상하는

경전을 독송하고 있는 산야신. 힌두교인의 이상적인 삶은 세속의 삶에 충실하는 학생기와 가주기를 거쳐, 숲에 은거하며 명상에 몰입하는 임서기를 보내고, 마침내 탁발로 세상을 주유하며 운수(雲水)하는 산야신이 되는 것이다.

임서기를 위하여 의미를 지닙니다. 숲에서의 명상은 그다음 단계인 산야신의 삶을 통하여 의미를 지니는 것입니다.

앞의 단계가 그 뒷 단계를 위하여 있다고 해서, 앞의 단계가 무의미한 것은 아닙니다. 학생기가 있기 때문에 가주기가 있을 수 있다고 봐야 하기 때문입니다. 학생기와 가주기의 관계, 가주기와 임서기의 관계, 또는 임서기와 유행기의 관계는 단절이나 배척이 아니라, 연속이며 또한 종합 지양되는 관계라고 할 수 있습니다. 이런 점에서 보면 각 단계는 다음 단계를 위하여 있지만, 또한 그 자체로 의미를 지닌다고 볼 수 있습니다. 마지막 단계인 유행기는 해탈을 위하여 있습니다. 피안으로 통하는 마지막 통로라는 의미를 지니지요. 그러나 따지고 보면 유행기에는 그 이전의 세 단계 모두가 종합되어 있으며, 이런 점에서 삶의 각 단계는 모두 해탈을 위하여 있다고 볼 수 있습니다.

삶의 한 단계에서 다음 단계로 넘어갈 때마다 질적인 변화가 동반된다고 볼 수 있지만, 가주기에서 임서기로 나아가는 것은 좀 다른 의미를 지닙니다. 학생기에서 가주기로 넘어갈 때나 임서기에서 유행기로 넘어갈 때와는 다른, 더욱 강도 높은 질적 변화가 일어납니다. 앞의 두 단계가 쌓는 단계라면 뒤의 두 단계는 버리는 단계라 할 수 있는데, 가주기에서 임서기로 넘어갈 때 이른바 '세간'(世間)에서 '출세간'(出世間)으로 넘어가는 도약이 있어요.

가주기에서 임서기로 도약을 가능하게 하는 것은 바로 '포기'라 할 수 있습니다. 세간과 출세간을 연결하는 것이 포기라는 것입니다.

학생기와 가주기가 세속의 삶이라면 임서기와 유행기는 출가의 삶이라 할 수 있는데, 세간과 출세간은 그냥 이어지는 것이 아니라 포기를 통하여 이어질 수 있다는 것입니다. 놀라운 통찰 아닙니까? 세속의 삶을 통하여 자신이 쌓아온 모든 것을 버릴 때, 비로소 출가 수행자로서의 삶이 시작됩니다. 어떤 의미에서 유행기는 '출출세간'(出出世間)의 단계로 볼 수도 있습니다. 앞의 두 단계가 버리기 위해서 있는 것이면서도 무의미하지 않다는 것은 이미 말한 것과 같습니다. 버리기 위해 쌓는 것이지만, 그럼에도 쌓아야 버릴 수 있다는 것입니다.

인도 사람들이 생각하는 이상적인 삶의 네 단계가 오늘 우리에게 전하는 메시지는 '포기의 철학'이 아닌가 생각합니다. 삶을 통하여 애써 쌓아올리지만, 그것은 결국 버리기 위하여 있다는 것을 분명히 말하고 있습니다. 가진 자만이 버릴 수 있지만, 버리지 않는 한 가진 것은 무의미하다는 것입니다. 따지고 보면, 우리 각자의 고통이나 사회의 구조적인 모순이라는 것은 결국 버리지 못하는 자들의 고통이며, 또한 포기하지 못하는 사회의 병통이라 할 것입니다. 일찍이 니체가 경고한 것처럼, 물질의 풍요가 지니는 의미를 곡해하는 한 우리는 '가축 무리의 푸른 목장의 행복'에 만족할 수밖에 없다고 봅니다. 오늘 아침에는 이 점을 생각해 봅시다.

 더 알고 싶은 인도

의무를 다하는 것이 삶의 목적이라니요?

　인도 사람들의 머릿속에는 우리로서는 도무지 이해하기 어려운 의무 개념이 있어요. 사람은 누구나 태어나면서부터 자기 본래의 의무가 있다는 것입니다. 일생 동안 해야 하는 일의 기준으로 의무(suadharma)는 중요한 의미를 지닙니다. 집안을 청소하는 하인은 절대로 바깥 청소에 손대지 않아요. 인정머리가 없어서라기보다는 남의 의무를 침해하지 않기 위해서지요. 바깥 청소하는 하인도 그것을 바라지 않아요. 우리 사회에서는 사소한 일에까지도 남의 권리를 침해하지 말라고 하지요? 그러나 남의 의무를 침해하지 말라는 말은 들어보기 어려워요. 그런데 인도 사회에서는 남의 의무에 관여하는 것이 권리를 침해하는 것 못지않게 큰 실례가 될 수 있어요.

　사람은 태어나면서부터 누구나 자기 본래의 의무를 지니는데, 각자의 의무는 그가 전생에 쌓은 업에 따라서 결정된다고 봅니다. 다시 말하여 어떤 사람은 부유한 가문의 바라문으로 태어나 제관(祭官)이 되고 또 어떤 사람은 길거리의 슈드라로 태어나서 하수구 청소를 하는 것은 모두 전생의 업 때문이라는 것입니다. 이들의 의무 개념은 카스트와 맞물려 있어요. 카스트의 속성상 의무는 당연히 지상 과제일 수밖에 없지요. 바꾸어 말하여 의무 개념이 충실하게 받아들여지지 않는다면 카스트는 무의미합니다. 카스트제도에는 각자 사람마다 본래의 의무가 있으니 그 의무에 따라서 살아야 한다는, 그런 의

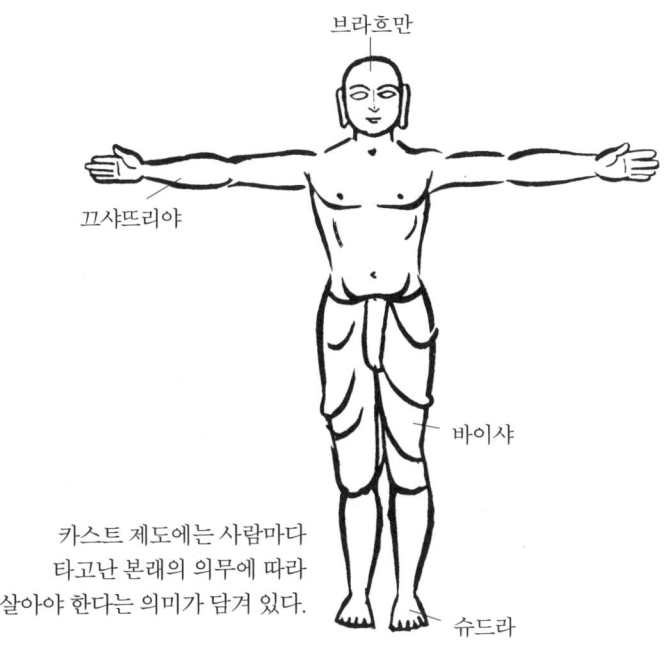

카스트 제도에는 사람마다 타고난 본래의 의무에 따라 살아야 한다는 의미가 담겨 있다.

미가 담겨 있지요.

자업자득(自業自得)이라는 업의 논리에서 보면, 카스트에 따른 의무의 차별은 전혀 불평등이 아닙니다. 다시 말하여 전생에 아주 못된 짓을 많이 한 사람이나 선한 행위를 많이 한 사람이나 이생에서 마찬가지로 잘 먹고 잘산다면 오히려 그것이 불평등이라는 논리가 성립됩니다. 불평등의 평등이라고나 할까요? 누구나 태어나면서부터 누구나 평등하다는 것은 오히려 불평등이라는 것이지요. 각자 전생의 업이 다른데 똑같이 좋게 또는 나쁘게 태어난다는 것은 불평등하다는 것입니다. 물론 여기에는 전생과 내생에 대한 믿음이 전제가 됩니다.

포기의 철학 275

띠루빠띠사원의 브라흐만. 왼쪽 어깨에서 오른쪽 엉덩이로 두른 성사(聖絲)는 재생족(再生族, dvija)이라는 것을 나타낸다.

법 앞에 평등 또는 신 앞에 평등은 '업 앞에 평등'이라는 말로 대체되는 셈이지요. 신 앞에 평등이라는 말도 결국 업 앞에 평등이라는 말과 다르지 않습니다. 신은 각 개인의 업을 기억했다가 정확하게 다시 나누어주는 자, 업의 법칙을 집행하는 자일 뿐입니다. 신은 업의 법칙과 별개가 아닙니다. 신을 떠나서는 업의 법칙이 있을 수 없어요. 업의 법칙은 신의 의지의 표현이며, 신은 업의 법칙에 따라 악업을 지은 사람에게는 고통스런 벌을 내리고 선업을 지은 사람에게는 행복한 결과를 나누어 줍니다. 따라서 업의 법칙은 오히려 신의 정의가 세상에 실현되고 있다는 것을 보여주는 가장 확실한 증거일 수 있습니다.

인도 사람들은 태어나면서부터 각 개인에게 주어지는 본래의 의무를 당연한 것으로 인정하고 받아들일 뿐만 아니라, 그 의무의 실천을 아주 중요시합니다. 가장 대중적인 힌두교 경전인 『바가바드기따』에서도 끊임없이 자기 본래의 의무를 실천하는 것을 강조합니다. 아르주나(Arjuna)가 친척과 옛 동료들을 죽이는 전쟁에 나가야 하는 것은 무엇보다도 끄샤뜨리야로서 자기 본래의 의무를 저버리지 말아야 하기 때문이지요.

아르주나의 형 비마(Bhīma)가 천계에 갔을 때, 그곳에 두료다나(Duryodhana)가 와 있는 것을 보고 분개합니다. "감히 당신이 어떻게 여기에 와 있을 수 있느냐?"고 호통을 치지요. 『바가바드기따』에서 두료다나는 악의 편에 선 우두머리로 나오거든요. 두료다나가 대답합니다. "나는 나의 의무를 다했다." 설사 악의 편에 있었다 할지라도 자기 본연의 의무를 다했기 때문에 천계에 와 있을 수 있는 자격이 있다는 것입니다.

이와 같이 의무의 실천이 강조되는 것은 그것이 인생의 궁극적인 목표인 해탈과 직결된다고 믿기 때문입니다. 이미 말한 것처럼 힌두교인이 인생에서 이루어야 할 목표는 의무의 실천·부(富)·욕망의 실현·해탈, 이 네 가지입니다. 앞의 세 가지 중에서도 의무의 실천은 부와 욕망의 실현에 전제 조건이며, 해탈과 직결되지요. 따라서 의무의 실천은 자기의 해탈을 위하여 필수적인 권리이며, 나아가서는 신성한 것으로 받아들여집니다.

따라서 인도 사람들에게 의무는 기피하고 싶은 부정적인 것이 아닙니다. 그것은 나의 존재 자체의 해방을 위하여 반드시 필요한 것입니다. 나아가서 각자에게 어떤 의무가 주어지는 것은 냉엄한 업의 법칙에 따른 것이라고 믿기 때문에, 자기에게 의무로 주어진 일은 천직이라는 생각이 뿌리 깊어요. 또한 다른 사람의 의무를 잘 하는 것보다는, 서툴더라도 자기의 의무를 충실하게 이행하는 것이 훨씬 가치 있는 것이라고 생각합니다. 『바가바드기따』에 그런 이야기가 나와요. 인도의 모든 사상이나 종파들이 궁극적으로 해탈을 추구한다고 할 때, 의무의 수행은 해탈을 위하여 꼭 필요한 것이라고 보거든요. 자기의 의무를 잘 실행하지 않는 한 해탈은 멀다는 말입니다. 따라서 기를 쓰고 의무를 다하려는 사고방식이 강해요.

정확하고 에누리 없는 다르마

물론 업에 따른 의무 개념은 삶을 다분히 숙명적으로 규정하는 면이 없지 않아요. 현재 나에게 주어지는 의무가 과거의 업 때문이라고 본다면 업의 법칙과 이에 따른 의무는 다분히 숙명적인 의미로 다가오는 것이 사실이지요. 또한 의무에 대한 애착은 때로는 꽉 막힌 사고방식으로 나타나기도 합니다.

내가 델리에서 살던 때의 일입니다. 학교 부근에 살다가 근교의 아파트로 이사를 하게 되었어요. 박사과정에 들어가면서 학교에 갈 일이 거의 없어졌기 때문에, 복잡한 학교 부근보다는 공기 좋고 집세도 싼 외곽지역이 여러 모로 편하다고 생각했지요. 그때까지는 학교 부근의 개인주택 3층에 월세로 살고 있었는데, 학교가 가깝다는 것 외에는 불편한 게 한두 가지가 아니었어요. 우선 공기오염이 말이 아니었어요. 겨울철에 스모그가 심할 때는 아침에 자고 일어나면 코밑이 시커멓게 될 지경이었어요. 저녁 10시가 되면 주인집 대문이 닫히고 바깥출입이 불가능해진다는 것도 견디기 어려웠지요.

이사하기 며칠 전부터 이사할 아파트에 드나들면서 청소도 하고 페인트칠도 했습니다. 인도의 집들은 개인주택이든 아파트든 벽지를 사용하지 않아요. 벽은 예외 없이 페인트칠로 끝입니다. 그것도 유성페인트가 아니라 수성페인트를 사용하는 게 보통이어서, 등을 기대고 앉았다가 일어나면 등에 횟가루가 허옇게 묻어나기 일쑤였지요.

이사하는 날 하필이면 비가 쏟아졌어요. 트럭에 짐을 싣고 아파트

정문에 도착하자 수위 아저씨가 차를 가로막았습니다. 통행증을 내라는 것이었어요. "주인과 계약도 했고 열쇠도 받았는데 무슨 소리냐?"고 따졌지만 막무가내였습니다. 사람이 드나드는 것은 문제가 없지만, 자동차가 정문을 통과하려면 어떤 경우든 아파트 자치회장이 발급하는 통행증이 필요하다는 것입니다. 부랴부랴 자치회장을 만나려 했으나 하필이면 그는 외출 중이었어요. 잠시 비라도 피하자고 수위 아저씨에게 사정해 보았으나 대답은 한결같이 "노!"였습니다. 화가 났지만 돌아설 수밖에 없었지요. 빗물에 책이 젖고 가재도구가 젖고 있는 것을 뻔히 보면서도 그는 이삿짐 트럭을 들여보내지 않았습니다.

이 일은 좀 거창하게 말하여 인도 사람의 꼬장꼬장한 의무 개념과 한국 사람의 두루뭉술한 융통성이 맞부딪친 사건으로 두고두고 내 머릿속에 남아 있습니다. 아마 내가 그의 입장이었다면, 십중팔구 트럭을 통과시켰을 것입니다. 통행증이고 뭐고 우선 책이 비에 젖고 있다는 사실 하나만으로 나는 그랬을 것입니다. 통행증은 나중에 받아도 되는 것이니 우선 당장 급한 불부터 끄고 보자고 했겠지요. 그러나 인도 사람들은 달라요. 이들의 머릿속에 뿌리 깊은 의무 개념은 이런 융통성을 용납하지 못하는 경우가 많습니다. 그렇지만 이들의 의무 개념은 원칙의 고수라는 점에서 중요한 의미를 지닙니다. 때로는 안쓰러울 정도로 원칙에 집착하지요. 안쓰럽지만 또 한편으로는 존경스럽고, 화가 나지만 또한 내가 화를 내는 이유를 돌아보게 하는 것이 이들의 꽉 막힌 융통성입니다. 내가 그날 이사를 포기하고 돌아

봄베이의 빨래터. 빨래는 천민들의 일이었으며, 지금도 이 빨래터는 빨래를 직업으로 하는 천민(도비)들에 의하여 유지되고 있다.

서면서 생각한 것도 그것입니다. "그래, 당신은 훌륭한 수위다. 당신은 자기의 의무에 충실했다."

사실 의무라는 말 자체가 이미 꽉 막힌 융통성을 담고 있습니다. 인도말로 의무는 다르마(dharma)라고 합니다. 널리 알려진 것처럼, 다르마는 우주를 지탱하는 법이며 진리입니다. 따라서 인간의 생각이나 감정과는 무관하게 일관된 것입니다. 무정하고 쌀쌀맞은 것이 법이지요. 해가 동쪽에서 뜨고 서쪽으로 지는 것처럼, 정확하고 에누리 없는 것이 다르마입니다. 지구상의 모든 사람들이 애원하고 매달린다 해도 지는 해를 잡을 수는 없습니다. 사람들의 바람이나 생각과는 무관하게 저녁이면 에누리 없이 해가 집니다. 인간이 할 수 있는 일이란 단지 정확한 법을, 이미 있는 법을 알고 이를 따르는 것뿐입니다.

인도 사람들에게는 의무 개념이 이런 의미로 이해되는 경향이 강해요. 의무는 사람으로서 응당 해야 할 본분, 또는 해야 할 일은 반드시 하고 하지 말아야 하는 일은 반드시 하지 않는 것입니다. 의무를 저버리는 것은 자기의 본분을 내팽개치는 것이며, 그것은 결국 해탈 혹은 자기완성에 역행하는 결과가 됩니다. 따라서 의무는 기피의 대상일 수 없어요.

요즘 우리는 어떻습니까? '응당 해야 할 본분'이라는 의미의 의무는 사전에나 있는 개념일 뿐이지요. 이제 그것은 갚기 싫은데도 갚아야 하는 채무처럼, 도무지 찜찜하고 싫은 것이 되어버렸습니다. 의무의 개념이 변질되었다고나 할까요. 국방의 의무는 의무인 동시에 곧 권리라는 것은 초등학생들도 다 아는 사실이에요. 그런데 요즘 과연 몇 사람이나 군 입대를 의무인 동시에 권리로 생각하는지 의문입니다. 무슨 핑계로든 빠져나갈 수만 있다면 수단과 방법을 가리지 않고 피해가고 싶어하잖아요?

의무가 기피의 대상으로 전락할 때, 사람들은 융통성이라는 이름으로 또는 원칙을 깨면서까지 의무에서 벗어나려고 합니다. 흔히 무원칙은 융통성으로 미화되기 쉬워요. 사실 원칙이나 융통성은 모두 가치 있는 것이지만, 서로 이율배반적인 측면을 지닙니다. 융통성을 보이다 보면 마침내 원칙마저 무너져버리기 쉽고, 그렇다고 원칙만 고수한다면 자칫 원칙이 있게 된 목적이 무의미해질 수 있어요. 따라서 어느 사회에서든 이 두 가지 가치기준 사이에 늘 어느 정도의 긴장이 있게 마련입니다. 그러나 융통성은 어디까지나 '원칙의 융통성'일 수밖에 없습니다. 융통성에 원칙이 놀아날 수는 없는 것이지요.

요새 우리 사회를 돌아보면, 나를 포함해서 각자 자기의 일에 충실한 것보다 더 중요한 것은 없다는 생각이 들어요. 자기가 응당 해야 할 일과 응당 하지 말아야 할 일에 대한 명확한 기준이 서지 않는 한, 사회의 혼란은 당연합니다. 사실 의무를 의미하는 다르마의 문자적인 의미는 '떠받치는 것' '지탱하는 것'입니다. 의무 개념이 희미해지고 변질된다는 것은 곧 사회를 떠받치고 있는 기둥이 흔들리고 있다는 증거입니다. 인도의 격언처럼, 의무보다 아름다운 것은 없는지도 모릅니다.

애프터를 신청하게 하는 인도
• 닫는 글

인도에 살다 보면 인도에 대한 감이 무뎌집니다. 서울 토박이가 오히려 서울을 잘 모르는 경우가 있는 것과 같습니다. 신기한 것도 줄어들고 가고 싶은 곳도 없어지고 점차 심드렁해지지요. 처음 한 해 동안 여행을 하지 않으면 그 다음에는 거의 여행을 하지 않는 게 보통입니다. 나의 경우에도 델리에 몇 년을 살면서 델리의 명소들 가운데 가본 곳이 몇 안 됩니다. 인도에 대한 새로움은 이미 마드라스에 살면서 거의 익숙해져버린 후였기 때문이지요.

참으로 마드라스는 나에게 대단한 처음이었습니다. 홀연 왔다 문득 가는 것이 삶이라면, 그것이 삶의 실상이라면, 삶의 면면이 찰나 아닌 것 없고 처음 아닌 것 없다 할 것이지만, 처음보다는 처음 아닌 것이 더 많은 것이 보통 사람들의 삶이요 나의 모습이지요. 이러한 나의 삶에 마드라스는 대단한 처음이었습니다. 서른 살이 되도록 외국이라고는 인도가 처음이었고 그 중에서도 마드라스였으니 그럴

갠지스 강가 풍경. 인도 여행은 그 자체로 고정관념을 깨부수는 고행이다.

만도 했지요.

 보는 것마다 새롭지 않은 것이 없었고 만나는 사람마다 새롭지 않은 사람이 없었습니다. 기숙사 식당에서 인도 학생들 틈에 끼여 손으로 밥을 집어먹는 것이 그랬고, 배꼽과 허리를 다 드러낸 여학생들의 사리가 그랬습니다. 교수나 학생들이 맨발로 강의실을 드나드는 것도 신기했지요. 열어둔 창문으로 까마귀들이 날아와 앉아 함께 강의를 듣는 것은 또 얼마나 생소하고 재미있었겠습니까? 이곳에서의 두 해 동안은 참으로 늘 처음이고 늘 새로웠습니다.

 틈만 나면 여행을 했지요. 따지고 보면 마드라스보다는 델리에서 산 기간이 훨씬 길지만, 지금도 델리보다는 마드라스에 대한 기억이 훨씬 진합니다. 델리에 대한 기억은 달랑 지도교수 한 분 뿐이고, 그 외에는 아무것도 기억에 남는 게 없습니다. 나중에 델리에 살면서 혹 마드라스행 기차를 타기라도 하면 마치 고향으로 가는 기분이었지요. 확실히 최초는 최고와 일맥상통하는 점이 있습니다.

델리에 살 때, 가끔 한국 여행자들이 내가 사는 아파트에 들르기도 했습니다. 대개는 여행을 마치고 돌아가는 길이었던 것 같습니다. 지금은 서울에서 봄베이까지 직항로가 생겨서 사정이 달라졌지만, 몇 년 전만 해도 델리가 인도 여행의 기점이자 종점인 경우가 많았습니다. 델리로 들어와서 마드라스로 나간다거나 캘커타로 들어와서 봄베이로 나간다면 여행 일정이 훨씬 수월할 수 있는데도 굳이 델리로 들어와서 델리로 나갈 수밖에 없는 것은, 도착지와 출발지가 같아야 하는 45일짜리 왕복 비행기표를 이용하기 때문인 경우가 대부분이었지요.

여행을 마치고 돌아가는 사람들의 인도에 대한 소감은 각양각색이었습니다. 그러나 한 가지 공통점은 '충격'을 말한다는 것입니다. 과연 사람이 저렇게도 살 수 있구나 하는 충격을 받는 것 같아요. 말하자면 인간 상황의 극한을 보고 가는 셈이지요. 꼰 다리를 또 꼬고 앉은 요기들이 길거리에 널려 있는 줄 알았는데, 와서 보니 거지들뿐이라는 놀라움에서부터, 시체가 떠내려가는 강물에 목욕도 하고 그물로 양치도 하는 사람들에 놀랍니다. 타다 남은 시체를 얻기 위해 화장터 주변을 어슬렁거리는 개들이, 돈을 주어도 절대로 고맙다는 소리를 하지 않는 거지들이 당혹스럽지요. 소와 사람이 뒤섞여 잠을 자는 역 대합실을 보며, 같은 시대 같은 별에 살면서도 어쩌면 그렇게도 다른 삶을 살 수 있는지 참으로 이해하기 어렵다고 합니다.

 인도에서 인도 공부를 하고 있는 나에게는 미안한 이야기지만, 다시는 인도에 오고 싶지 않다는 말도 합니다. 앞으로도 오고 싶지 않을 것이라고 못을 박는 여행자도 있지요. 그 지저분하고 사람 살 곳 못 되는 인도 말고도 비까번쩍한 다른 나라들도 많은데 하필이면 왜 인도에서 공부하느냐고 묻는 사람들도 있습니다. 내 대답은 늘 한 가지였습니다. "팔자소관이지요." 지금 생각해도 그렇습니다. 다른 이유가 없습니다.

 알다시피 인도는 편안하게 아름다운 곳을 관광하는 데가 아닙니다. 그런 목적이라면 가까운 방콕이나 홍콩이 훨씬 낫지요. 싼 맛에 인도를 여행하는 것이라면, 차라리 동네 커피숍이 싸고 편할지도 모릅니다. 인도 여행은 적어도 그런 것이 아닙니다. 인도 여행은 그 자체로 하나의 고행이지요. 고정관념을 깨부수는 고행이라 할 만합니다. 인도 여행은 계획이 엉망으로 헝클어질수록 오히려 성공적일 수 있습니다. 계획된 시간에 계획된 루트를 따라 비행기로 혹은 기차로 이리저리 옮겨 다닌다면, 단체 관광이라면 또 모를까 그것은 이미 인도 여행이 아닙니다. 그야말로 발길 닿는 대로 차편이 허락하는 대로 기차가 가능하면 기차를 타고 버스가 가능하면 버스를 타야 합니다. 이것저것 따져서는 여행이 불가능하지요. 무작정 떠날 필요가 있습니다.

때로는 아무런 예약 없이 삼등칸 기차를 타고, 발 들일 틈 없이 빼곡히 들어앉은 맨발의 사람들 틈에서 그들의 체념과 기다림과 담배 연기를 공유하는 것도 인도 여행의 좋은 경험이다.

　누구의 말처럼 자신과 다른 이들을 개선하고자 떠나는 사람은 철학자지만, 호기심이라 불리는 맹목적 충동에 따라 이 나라 저 나라를 찾는 자는 방랑자에 불과한지도 모릅니다. 그러나 인도 여행은 목적을 생각하며 떠나는 철학자보다는 차라리 맹목적인 충동에 충실한 방랑자에 어울리는 여행입니다. '혼자서, 아무것도 가진 것 없이, 낯선 도시에 도착하는' 그런 여행이 어울리는 곳이 인도라 할 것입니다.
　때로는 아무런 예약 없이 삼등칸 기차를 타고, 발 들일 틈 없이 빼곡히 들어앉은 맨발의 사람들 틈에 끼여 함께 짜이(茶)를 마시며 그들의 체념과 기다림과 담배 연기를 공유하는 것도 좋은 경험이 됩니다. 밤기차에 시달리며, 때로는 화장실 입구 통로까지 밀려나와 쭈그려 앉은 채 밤을 새더라도, 그러는 가운데 한 가닥이나마 허망 분별과 이별할 수 있다면, 고정관념에 찌든 나의 현존을 직시할 수만 있다면, 그것 또한 의미 있는 일이겠지요. 고생을 무릅쓰고라도 길을 떠나는 것은 바로 이런 이유 때문일 것입니다.

인도 여행이 우리에게 의미를 지니는 것은 오히려 충격과 당혹감입니다. 굳이 이해하려고 애쓸 필요는 없습니다. 느낌이 있으면 그것으로 여행은 성공입니다. 충격이 있다면 대성공이지요. 느낌이 일어날 때, 충격으로 몸을 떨 때, 이에 반응하는 나를 내가 지켜보는 것, 그것입니다. 느낌에 충실한 것, 언뜻언뜻 찾아오는 충격의 틈새로 스며드는 그 무엇에 저항하지 않는 것, 그것으로 여행은 이미 명상일 수 있습니다.

외부 세계와 나의 내면이 직선으로 대면했을 때 문득 일어나는 충격, 이에 대한 싱싱한 의문에 충실한 것, 그리고 마침내는 내가 내 자신과 정면으로 마주 서는 것, 이것이야말로 인도 여행에서 잊어버리되 잃어버리지는 말아야 하는 것입니다.

이제 우리 주변에는 흉악한 범죄 말고는 충격적인 것도 없고 새로운 것도 없습니다. 신선한 충격은 없지요. 모든 게 그저 그렇습니다. 이런저런 관념에 길들여진 우리의 정서가 가장 먼저 회복해야 하는 것은 신선한 충격과 당혹감이 아닐까 합니다. 이러한 당혹감과 충격을 체험하기에 인도보다 더 좋은 곳은 없습니다.

내가 아는 한, 인도 여행을 한 번으로 끝내는 사람은 거의 없어요. 지긋지긋하다던 사람들도 다시 인도로 갑니다. 확실히 인도는 애프터를 신청하게 하는 마력을 지니고 있습니다. 역겨웠던 향료 냄새와 지루한 기다림이, 방치된 삶의 현장들이 얼마 지나지 않아 다시금 유혹의 손길을 뻗습니다. 인도에서 받은 충격과 당혹감 때문이지요. 충격이 크면 클수록 다시 가게 될 확률이 높습니다. 이 가난하고 지저분한 나라가 애프터를 신청하게 하는 비밀은 바로 여기에 있습니다.